Ceux de Verdun

Les écrivains et la Grande Guerre

Dans la même collection

AU NOM DE LA LIBERTÉ, poèmes de la Résistance
PAROLES DE LA SHOAH, anthologie

Ceux de Verdun

Les écrivains et la Grande Guerre

Présentation, notes, chronologie et dossier par Patrice Kleff

Étonnants Classiques

GF Flammarion

3e édition corrigée

ISBN : 2-08-072134-8
ISSN : 1269-8822

Ceux de Verdun

La vie quotidienne du soldat

Le feu

L'arrière

Réflexions sur la guerre

RACONTER LA GUERRE

De toutes les expériences humaines, la guerre est sans doute l'une des plus difficiles à raconter, sans doute parce que ceux qui l'ont vécue savent bien qu'aucun récit ne pourra rendre pleinement compte de la souffrance qu'ils ont subie. Ainsi Jorge Semprun, rescapé du camp de concentration de Buchenwald en 1945, écrit-il : « [...] un doute me vient sur la possibilité de raconter. Non pas que l'expérience vécue soit indicible[1]. Elle a été invivable, ce qui est tout autre chose[2]. » On peut donc toujours écrire sur la souffrance endurée, mais l'écrivain sait que son récit, aussi réaliste soit-il, ne traduira que faiblement en mots ce que les hommes ont subi dans leur chair.

Pourtant, le récit de guerre est fort ancien : peut-être même peut-on le faire remonter aux sources de la littérature. *L'Iliade*[3], récit d'une bataille mythique entre Grecs et Troyens, fourmille de duels sanglants et mortels. Toutes les épopées[4] des grandes civilisations antiques sont les récits de terribles guerres opposant les dieux ou les hommes entre eux. Au Moyen Âge, les chansons de geste comme *La Chanson de Roland* (XIe siècle) ou les romans de chevalerie du XIIe siècle

1. *Indicible* : impossible à dire.
2. Jorge Semprun, *L'Écriture ou la vie*, Gallimard, 1994.
3. *L'Iliade* : poème épique d'Homère (IXe siècle avant J.-C.).
4. *Épopées* : récits en vers ou en prose célébrant des faits héroïques.

ne sont pas avares de détails lorsqu'il s'agit de décrire un corps à corps mortel ou une attaque massive. La guerre est alors présentée comme une activité noble, certes périlleuse, mais permettant aux hommes d'exception de se distinguer par leur comportement héroïque. Ainsi de nombreux héros de fiction, de l'Antiquité au Moyen Âge, sont-ils des guerriers : Achille, Persée, Roland, Lancelot...

Cette conception héroïque de la guerre dans la littérature se modifie toutefois à l'époque moderne. Dans *Candide* (1759), Voltaire montre la guerre sous un jour peu glorieux et décrit les soldats comme d'abominables brutes qui massacrent, pillent et violent les populations sans défense. En 1839, dans son roman *La Chartreuse de Parme*, Stendhal raconte les errements de son héros, perdu dans la bataille de Waterloo à laquelle il ne comprend rien. Et lorsque Maupassant raconte la guerre de 1870, comme dans *Boule de suif*, c'est souvent pour souligner les comportements les plus lâches qu'elle favorise.

1914-1918 : LA PREMIÈRE GUERRE MODERNE

Les récits qui racontent la Première Guerre mondiale sont radicalement différents de tous ceux qui ont précédé : en effet, cette guerre elle-même constitue une expérience nouvelle et traumatisante pour les combattants des deux camps. Les armes ont changé, entraînant une conception de la bataille totalement inédite. Plus question d'envoyer face à face deux armées en ligne, ni de faire charger la cavalerie sabre au clair[1], comme c'était encore le cas en 1870. L'arme maîtresse, dès 1914, est l'artillerie : les obus de différents calibres («marmites», «crapouillots» ou «gros noirs», selon l'argot des soldats) clouent au sol l'armée ennemie et l'obligent à se terrer dans ses tranchées. «Tu ne tireras jamais un coup de fusil», explique un ancien à un bleu[2] dans les premières pages des *Croix de bois*. En effet, comment un être humain de chair et de sang pourrait-il résister aux «orages d'acier[3]» envoyés par les canons adverses? Certes, l'artillerie existait déjà bien avant 1914, mais jamais elle n'avait été utilisée avec une telle puissance.

De plus, de nouvelles armes meurtrières font leur apparition lors de ce conflit : les mitrailleuses, qui fauchent impitoyablement les soldats montant à l'assaut; les avions, dont le rôle d'observation des lignes ennemies devient rapidement offensif; les gaz asphyxiants, qui brûlent les poumons et causent une mort atroce; les mines capables de faire exploser toute une tranchée et d'ensevelir ses occupants; les chars d'assaut enfin, qui font une apparition peu convaincante en 1915 mais jouent un rôle décisif en 1918.

1. *Sabre au clair* : le sabre sorti du fourreau.
2. *Bleu* : jeune soldat débutant.
3. *Orages d'acier* : titre d'un livre de l'écrivain-soldat allemand Ernst Jünger.

Mais, par-delà les innovations technologiques, le conflit de 1914-1918 est surtout nouveau dans la mesure où il est mondial : au plus fort de la guerre, par le jeu des alliances et l'implication des colonies, c'est la grande majorité des pays de la planète qui se trouve impliquée, militairement ou économiquement, dans la guerre. Dans une telle mêlée, la place de chaque combattant est si infime qu'il n'est pas question d'être un héros : il faut juste survivre...

UNE NOUVELLE FAÇON DE DIRE LA GUERRE

Les soldats de 14-18 écrivent beaucoup. La plupart le font pour eux-mêmes, sous la forme de carnets ou de journaux intimes, ou pour leurs proches, à qui ils envoient de nombreuses lettres. Mais beaucoup d'écrivains de métier ont également été appelés à combattre. En écrivant, ceux-ci visent un large public. Ils estiment de leur devoir de faire connaître au monde la réalité nouvelle de la guerre. Pour y parvenir, la plupart d'entre eux choisissent la forme du roman, comme si la vérité de la guerre devenait plus évidente grâce à la fiction. Il ne s'agit pas de mentir ni d'inventer des péripéties héroïques, mais plutôt de réorganiser les souvenirs, de leur donner un sens, d'interpréter les événements vécus au front afin que le lecteur, qui ignore presque tout de cette guerre, puisse s'en faire une idée nouvelle. Ainsi, dans la plupart de ces romans, les faits racontés sont authentiques, mais l'auteur s'est donné le droit de modifier les noms, la chronologie ou quelques détails, dans le but de rendre son récit plus crédible et plus efficace.

Bien entendu, les romans consacrés à la guerre de 14-18 sont différents les uns des autres. Certains ont été écrits sur le vif, en plein conflit, d'autres peu après l'armistice, d'autres encore longtemps après. Les auteurs avaient tous leur point de vue sur la guerre, présentée comme un mal nécessaire ou une horreur inacceptable. Mais dans tous les romans écrits par les combattants de l'époque, on trouve les mêmes thèmes : la lutte contre la boue et la vermine, les difficultés à se nourrir convenablement, les déluges de feu et d'acier, l'atrocité des combats au corps à corps, et la colère envers les compatriotes de l'arrière, les « embusqués » qui ne sont pas au front et profitent de la souffrance des autres.

QUATRE ŒUVRES MAJEURES

Parmi les nombreux romans écrits par les combattants de 14-18, trois ont connu un succès particulier : *Le Feu* d'Henri

Barbusse, *Les Croix de bois* de Roland Dorgelès et *À l'Ouest rien de nouveau* de l'Allemand Erich Maria Remarque, auxquels il convient également d'ajouter *Voyage au bout de la nuit* de Louis-Ferdinand Céline, qui, s'il n'est pas exclusivement consacré à la guerre, s'ouvre sur cette expérience fondatrice. Ces œuvres, auxquelles le présent volume emprunte plusieurs extraits, sont assez représentatives de la littérature de guerre de cette époque. Elles offrent chacune un point de vue particulier sur le conflit. Barbusse écrivit son roman en plein milieu de la guerre (1916), Dorgelès juste après (1919), tandis que Remarque attendit onze ans (1929) pour publier le sien. Quant à Céline, c'est en 1932 qu'il publie ce qui est son premier roman, véritable coup de tonnerre dans le monde littéraire, tant l'œuvre est radicalement neuve, mais aussi provocante, qu'il s'agisse du style ou des idées.

Chaque écrivain propose son point de vue sur la guerre : Barbusse, militant socialiste, en fait une dénonciation politique; Dorgelès s'attache à préserver le souvenir des soldats disparus afin de lutter contre l'oubli, qui fait que «tous les morts mourront pour la deuxième fois»; Remarque, pacifiste convaincu, fait mourir à la fin son héros-narrateur comme pour tuer symboliquement l'ancien soldat qu'il était en 1918; Céline a retiré lui aussi de son expérience de soldat un pacifisme viscéral et, de façon pour le moins choquante aux yeux de toute une génération d'anciens combattants, il tourne en dérision l'héroïsme des combattants, le pseudo-patriotisme des nations.

Au-delà de l'originalité propre à chaque œuvre, ces romans ont cependant en commun leur style d'un réalisme parfois très cru. Qu'ils décrivent les soldats agonisant dans la boue ou faisant leurs besoins en plein air, les écrivains ne cachent rien, n'embellissent rien. Le corps humain est présenté comme source de souffrance, parfois de plaisir. Les cadavres eux-mêmes peuvent être utiles et servir de protection contre les balles ennemies. Quant à la bataille, elle n'est jamais héroïque ni glorieuse : couverts de poux et de vermine, pataugeant dans la boue et le sang, les soldats cherchent moins à conquérir le territoire ennemi qu'à se protéger des balles et des bombes qui pleuvent autour d'eux. C'est sans doute ce double refus de l'euphémisme[1] et de l'esthétisme[2] qui caractérise les romans présentés ici.

LA GUERRE – ET APRÈS ?

La Première Guerre mondiale est incontestablement un tournant dans l'histoire de la littérature européenne, voire mondiale. Dès la fin du conflit, de nouveaux mouvements

1. *Euphémisme* : expression qui adoucit la portée d'un mot (par exemple, « décédé » pour « mort »).
2. *Esthétisme* : recherche de la beauté.

apparaissent, comme le dadaïsme et le surréalisme, qui font éclater les barrières de la bienséance littéraire. Écœurés par la guerre qui les a fait souffrir et leur a pris leurs amis, les jeunes écrivains qui rallient ces nouveaux courants littéraires se révoltent contre la société bourgeoise qu'ils rendent responsable du massacre. Ils font alors le choix d'une littérature provocatrice et volontairement choquante. Par leurs mots, ils veulent s'attaquer à l'ordre établi, cet ordre bourgeois qui a sacrifié leur génération. Certes, leurs écrits ne parlent pas forcément de la guerre qui vient de s'achever ; mais celle-ci est à l'origine de la modernité littéraire du XXe siècle.

CHRONOLOGIE

REPÈRES HISTORIQUES

REPÈRES CULTURELS

1914
1918

REPÈRES HISTORIQUES

1914

28 juin : assassinat à Sarajevo de l'archiduc François-Ferdinand, héritier d'Autriche, par un nationaliste serbe.
28 juillet : en représailles, l'Autriche déclare la guerre à la Serbie.
31 juillet : assassinat à Paris de Jean Jaurès, leader socialiste hostile à la guerre, par un nationaliste français.
1er au 4 août : enchaînement de déclarations de guerre entre pays de l'Alliance (Allemagne, Autriche) et de la Triple Entente (France, Russie, Angleterre).
Août : progression des troupes allemandes en Belgique et en France.
6 au 13 septembre : bataille de la Marne, qui permet aux Français de stopper l'avancée allemande.
Novembre : stabilisation du front, de la mer du Nord à la frontière suisse.

1915

15 février-18 mars : échec de l'offensive française en Champagne.
22 avril : première utilisation des gaz de combat par l'Allemagne.
23 mai : entrée en guerre de l'Italie contre l'Autriche.
5-8 septembre : conférence de l'Internationale socialiste à Zimmerwald.

1916

21 février : début de l'offensive allemande sur Verdun.
1er juillet : offensive anglo-française sur la Somme (20 000 tués anglais pour cette seule journée).
15 septembre : première utilisation des chars d'assaut par l'armée anglaise.

REPÈRES CULTURELS

1914

Engagement volontaire de Roland Dorgelès.
Louis-Ferdinand Destouches, qui prendra plus tard le pseudonyme de Céline, est blessé au combat.
Août : mort au front d'Alain-Fournier, auteur du *Grand Meaulnes.*
5 septembre : mort au front de l'écrivain Charles Péguy.

1915

Publication d'*Au-dessus de la mêlée*, essai pacifiste de l'écrivain français Romain Rolland.
L'écrivain Blaise Cendrars a le bras droit emporté par un obus.
Avril : mort au front de Louis Pergaud, auteur de *La Guerre des boutons.*
Premiers poèmes de guerre de Guillaume Apollinaire (« Cases d'armon », repris en 1918 dans *Calligrammes*).

1916

Henri Barbusse reçoit le prix Goncourt pour *Le Feu*, qu'il a écrit à l'hôpital, après avoir été blessé au combat.

REPÈRES HISTORIQUES

18 novembre : fin de la bataille de la Somme.
18 décembre : fin de la bataille de Verdun (240 000 tués allemands, 260 000 tués français).

1917

8-12 mars : première révolution en Russie ; abdication du tsar Nicolas II trois jours plus tard.
2 avril : entrée en guerre des États-Unis.
16 avril : offensive catastrophique du général Nivelle au Chemin des Dames (30 000 soldats français tués en deux jours).
Mai : mutineries dans l'armée française ; Pétain remplace Nivelle à la tête des armées françaises.
Novembre : révolution bolchevique en Russie qui amène Lénine au pouvoir.
Décembre : armistice entre l'Allemagne et la Russie.

1918

Mars à juillet : nombreuses offensives allemandes en France, sans succès.
Juillet : début de la contre-offensive victorieuse de Foch, avec utilisation massive des chars d'assaut.
9 novembre : révolution en Allemagne et instauration d'une république après l'abdication de l'empereur Guillaume II.
11 novembre : signature de l'armistice à Rethondes, près de Compiègne, dans des conditions très défavorables à l'Allemagne.

1919

Traité de Versailles. Fondation de la Société des Nations.

REPÈRES CULTURELS

Maurice Genevoix écrit *Sous Verdun*, premier des quatre tomes de ses souvenirs de guerre qui seront achevés en 1923.
Romain Rolland reçoit le prix Nobel de littérature.

1917 Louis Delluc, cinéaste et romancier, écrit *La guerre est morte*.
Georges Duhamel, écrivain et chirurgien, publie *Vie des martyrs*.

1918 *Mai* : Le poète Joë Bousquet perd l'usage de ses jambes à la suite d'une blessure.
Mort au front du poète anglais Wilfred Owen.
9 novembre : mort de Guillaume Apollinaire, des suites de la grippe espagnole.

1919 Roland Dorgelès publie *Les Croix de bois*.

REPÈRES HISTORIQUES

1920 *11 novembre* : le soldat inconnu est installé sous l'Arc de triomphe.

1921 Le 11 novembre devient un jour férié.

REPÈRES CULTURELS

1920 Le romancier américain John Dos Passos, ambulancier pendant la guerre, écrit *L'Initiation.*
L'écrivain allemand Ernst Jünger publie *Orages d'acier,* dans lequel il raconte sa fascination pour la guerre.

1929 Erich Maria Remarque connaît un succès mondial avec son roman *À l'Ouest rien de nouveau.*

1932 Céline publie *Voyage au bout de la nuit,* roman au style totalement novateur où il raconte, dans la première partie, ses souvenirs de guerre.

Ceux de Verdun

ARMÉE DE TERRE ET ARMÉE DE MER

ORDRE
DE MOBILISATION GÉNÉRALE

Par décret du Président de la République, la mobilisation des armées de terre et de mer est ordonnée, ainsi que la réquisition des animaux, voitures et harnais nécessaires au complément de ces armées.

Le premier jour de la mobilisation est le *Dimanche Deux Août 1914*

Tout Français soumis aux obligations militaires doit, sous peine d'être puni avec toute la rigueur des lois, obéir aux prescriptions du FASCICULE DE MOBILISATION (pages coloriées placées dans son livret).

Sont visés par le présent ordre TOUS LES HOMMES non présents sous les Drapeaux et appartenant :

1° à l'ARMÉE DE TERRE y compris les TROUPES COLONIALES et les hommes des SERVICES AUXILIAIRES;

2° à l'ARMÉE DE MER y compris les INSCRITS MARITIMES et les ARMURIERS de la MARINE.

Les Autorités civiles et militaires sont responsables de l'exécution du présent décret.

Le Ministre de la Guerre, *Le Ministre de la Marine*

La vie quotidienne du soldat

Dès novembre 1914, la guerre devient une guerre de positions : le front ne bouge pratiquement pas, et les armées restent face à face, dans leurs tranchées, séparées parfois de quelques mètres à peine. La vie y est pénible : mal nourris, les soldats endurent la boue infecte qui stagne au fond des tranchées, le manque d'hygiène, les rats et les parasites, et sont soumis à des corvées pénibles et dangereuses. S'adapter à cette vie épouvantable est une nécessité urgente pour les « bleus » qui n'imaginaient la guerre que sous un jour héroïque : savoir se procurer de la nourriture, connaître les pièges mortels de la boue stagnant au fond des trous d'obus ou apprendre à identifier les sifflements des bombes ennemies sont des conditions de survie indispensables aux jeunes recrues. Ce sont les « poilus », soldats expérimentés, qui se chargent de cet apprentissage.

La ligne de front en 1914 et 1918

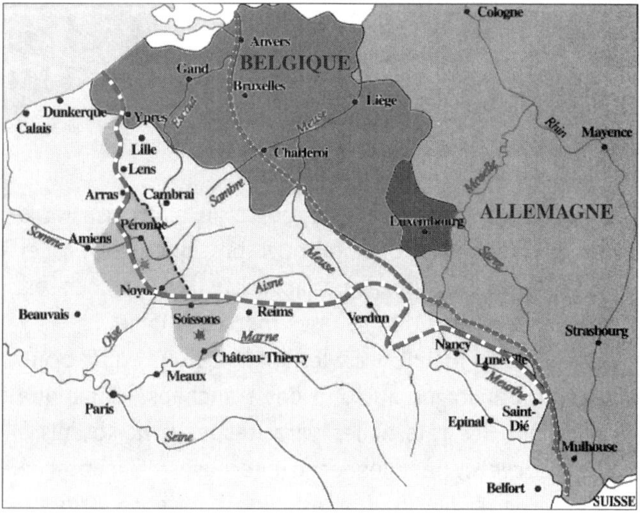

Front 1914-1915.

Ligne Hindenburg sur laquelle les Allemands se sont repliés en mars 1917.

Offensives allemandes en 1918.

Front au 11 novembre 1918.

Deuxième bataille de la Marne juin-juillet 1918.

Les « bleus » et les « poilus »

Roland Dorgelès (1885-1973),
Les Croix de bois.

Écrivain et journaliste français, Roland Dorgelès est engagé volontaire dès 1914. À la fin du conflit, il publie *Les Croix de bois*, roman dans lequel il raconte ses souvenirs de guerre afin de rendre hommage à ses camarades disparus. Ce premier extrait, situé dans les toutes premières pages du roman, montre le décalage qui existe entre « poilus », soldats expérimentés, et « bleus », nouvelles recrues.

Quand ils entrèrent dans la cour, ce fut Fouillard, le cuisinier, qui donna l'alerte.

— Hé ! les gars, v'là le renfort.

Et ayant jeté, devant les moellons [1] noirs de son foyer rustique, la brassée de papier qu'il venait de remonter de la cave, il examina les nouveaux camarades.

— Tu t'es pas fait voler, dit-il sentencieusement à Bréval. Ils sont beaux comme neufs.

Nous nous étions tous levés et entourions d'un cercle curieux les trois soldats ahuris. Ils nous regardaient et nous les regardions sans rien dire. Ils venaient de l'arrière, ils venaient des villes. La veille encore ils marchaient dans des rues, ils voyaient des femmes, des tramways, des boutiques ; hier encore ils

1. *Moellons* : blocs de pierre.

vivaient comme des hommes. Et nous les examinions émerveillés, envieux, comme des voyageurs débarquant des pays fabuleux.

— Alors, les gars, ils ne s'en font pas là-bas?

— Et ce vieux Paname [1], questionna Vairon, qu'est-ce qu'on y fout?

Eux aussi nous dévisageaient, comme s'ils étaient tombés chez les sauvages. Tout devait les étonner à cette première rencontre; nos visages cuits, nos tenues disparates, le bonnet de fausse loutre du père Hamel, le fichu blanc crasseux que Fouillard se nouait autour du cou, le pantalon de Vairon cuirassé de graisse, la pèlerine de Lagny, l'agent de liaison [2], qui avait cousu un col d'astrakan [3] sur un capuchon de zouave [4], ceux-ci en veste de biffin [5], ceux-là en tunique d'artilleur [6], tout le monde accoutré à sa façon; le gros Bouffioux, qui portait sa plaque d'identité à son képi, comme Louis XI portait ses médailles, un mitrailleur avec son épaulière [7] de métal et son gantelet [8] de fer qui le faisaient ressembler à un homme d'armes de Crécy [9], le petit Belin, coiffé d'un vieux calot de dragon [10] enfoncé jusqu'aux oreilles, et Broucke, «le gars de

1. *Paname* : en argot, Paris.
2. *Agent de liaison* : soldat chargé des communications avec l'extérieur.
3. *Astrakan* : fourrure.
4. *Zouave* : soldat de l'infanterie.
5. *Biffin* : en argot, fantassin (soldat de l'infanterie).
6. *Artilleur* : soldat de l'artillerie, corps affecté au maniement des canons, obusiers, etc.
7. *Épaulière* : pièce qui couvrait l'épaule.
8. *Gantelet* : épais gant de protection.
9. *Crécy* : ville de la Somme où eut lieu, en 1346, une bataille entre Français et Anglais.
10. *Dragon* : soldat de cavalerie.

ch'Nord» qui s'était taillé des molletières[1] dans des rideaux de reps[2] vert.

Seul Sulphart, par dignité, était resté à l'écart, juché sur un tonneau, où il épluchait des patates, avec l'air digne et absorbé qu'il prenait pour accomplir les actes les plus simples de l'existence. Grattant sa barbe de crin roux, il tourna négligemment la tête et regarda avec une indifférence affectée un des trois nouveaux, un jeune à l'air maussade, imberbe[3] ou rasé, on ne savait pas, coiffé d'un beau képi de fantaisie et chargé d'une large musette[4] de moleskine[5] blanche.

— Il est tout bath[6], avec sa petite casquette à manger du mou[7], railla d'abord Sulphart à mi-voix.

Puis, comme l'autre déposait son barda[8], il découvrit la musette. Alors, il éclata.

— Hé vieux! cria-t-il, c'est exprès pour monter aux tranchées que tu t'es fait tailler ta gibecière[9]? Si des fois t'avais peur que les Boches ne te repèrent pas assez, tu pourrais peut-être emporter un petit drapeau et jouer de la trompette.

Le nouveau s'était redressé, vexé, un pli barrant son petit front têtu. Mais, tout de suite décontenancé par l'attitude railleuse de l'ancien, il détourna la tête

1. *Molletières* : bandes de tissu entourant les mollets.
2. *Reps* : tissu d'ameublement.
3. *Imberbe* : dont la barbe n'a pas encore poussé.
4. *Musette* : sac porté en bandoulière.
5. *Moleskine* : toile de coton très résistante.
6. *Bath* : en argot, beau.
7. *Sa casquette à manger du mou* : sa casquette si neuve et si propre que l'on mangerait dedans.
8. *Barda* : en argot, équipement du soldat.
9. *Gibecière* : synonyme de musette.

et rougit. Le rouquin se contenta de ce succès flatteur. Il descendit de son trône et, pour montrer qu'il ne songeait pas à s'acharner sur un copain irresponsable, il haussa ses critiques jusqu'à l'autorité militaire, dont tous les actes, suivant lui, étaient dictés par la sottise et le désir évident de molester[1] le soldat.

— J' dis pas ça pour toi, tu sais pas encore. Mais les autres enfifrés [2] qui vous font passer les gamelles à la pâte au sabre pour qu'elles reluisent mieux, tu crois qu'on devrait pas tous les fusiller… Ils trouvent qu'on ne se fait pas assez viser comme ça ?… Tu me refileras ta musette, tiens, j' te la noircirai au bouchon, et on passera vos bouteillons [3], vos galetouses[4] et tout l' truc à la fumée de paille, y a pas meilleur.

Roland Dorgelès, *Les Croix de bois.*

1. *Molester* : maltraiter.
2. *Enfifrés* : terme injurieux.
3. *Bouteillons* : gamelles de soldat.
4. *Galetouses* : gamelles.

De la guerre de mouvement à la guerre de positions

Lors de la déclaration de guerre, le plan allemand prévoyait l'invasion de la Belgique et l'attaque de la France par le nord, visant à encercler par l'arrière les défenses françaises. Après avoir été contraint de battre en retraite pour éviter l'enveloppement, le général Joffre lance la contre-offensive de la Marne (septembre 1914) qui permet de repousser les Allemands jusqu'à l'Aisne.

Dans les mois qui suivent, Français et Allemands cherchent à se déborder par l'ouest. C'est la «course à la mer» : fin novembre le front s'étend ainsi de façon continue de la Suisse à la mer du Nord.

La guerre change alors de visage. Après les offensives des premières semaines commence la «guerre de positions» ou «guerre de tranchées» : soldats allemands et français sont immobilisés face à face dans leurs tranchées. La guerre que tout le monde avait cru devoir être brève s'installe pour longtemps... Il s'agit désormais pour chaque camp de rompre le front ennemi, tantôt en le «grignotant» par de petites actions locales, tantôt grâce à de grandes offensives (offensives de Joffre en Artois – mai 1915 – et en Champagne – septembre 1915). Pour les soldats du front, c'est un face-à-face de tous les instants avec la mort, sous le feu incessant des canons ennemis.

En 1916, l'état-major allemand prend l'offensive et décide de mener une bataille d'usure contre l'armée française. Ce sera la bataille de Verdun, qui débute le 21 février et s'achève à la fin de l'année par la victoire des Français, une victoire amère et sanglante puisqu'on dénombre 163 000 morts du côté français et 143 000 du côté allemand.

Les rats

Erich Maria Remarque (1898-1970),
À l'Ouest rien de nouveau.

Écrivain allemand, Erich Maria Remarque est contraint d'interrompre ses études d'instituteur pour partir à la guerre. À son retour, il exerce de nombreux métiers avant de devenir journaliste sportif et de publier en 1928 son roman le plus connu, *À l'Ouest rien de nouveau*, roman pacifiste qui rencontre un succès planétaire (plus de vingt millions d'exemplaires vendus en cinquante langues) et provoque la colère des nationalistes allemands.

Lors de l'avènement de Hitler, Remarque quitte l'Allemagne pour s'exiler aux États-Unis. Il obtient la nationalité américaine en 1947.

Le passage suivant montre aux lecteurs les soldats calfeutrés dans leurs tranchées. Entre deux attaques ennemies, ils doivent faire face à un autre type de danger…

Il nous faut veiller à notre pain. Les rats se sont beaucoup multipliés ces derniers temps, depuis que les tranchées ne sont plus très bien entretenues. Detering[1] prétend que c'est le signe le plus certain que ça va chauffer.

Les rats sont ici particulièrement répugnants, du fait de leur grosseur. C'est l'espèce qu'on appelle « rats de cadavre ». Ils ont des têtes abominables, méchantes

---

1. *Detering, Kropp, Kat* : soldats allemands, compagnons d'armes du narrateur.

et pelées et on peut se trouver mal rien qu'à voir leurs queues longues et nues.

Ils paraissent très affamés. Ils ont mordu au pain de presque tout le monde. Kropp tient le sien enveloppé dans sa toile de tente, sous sa tête, mais il ne peut pas dormir parce qu'ils lui courent sur le visage pour arriver au pain. Detering a voulu être malin; il a fixé au plafond un mince fil de fer et il y a suspendu sa musette[1] avec son pain. Lorsque, pendant la nuit, il presse le bouton électrique de sa lampe de poche, il aperçoit le fil en train d'osciller : un rat bien gras est à cheval sur son pain.

Finalement, nous prenons une décision. Nous coupons soigneusement les parties de notre pain qui ont été rongées par les bêtes; nous ne pouvons, en aucun cas, jeter le tout, parce que autrement demain nous n'aurions rien à manger.

Nous plaçons par terre au milieu de notre abri les tranches de pain ainsi coupées, toutes ensemble. Chacun prend sa pelle et s'allonge, prêt à frapper. Detering, Kropp et Kat tiennent dans leurs mains leurs lampes électriques.

Au bout de quelques minutes, nous entendons les premiers frottements des rats qui viennent mordiller le pain. Le bruit augmente; il y a là maintenant une multitude de petites pattes, alors les lampes électriques brillent brusquement et tout le monde tombe sur le tas noir, qui se disperse en poussant des cris aigus. Le résultat est bon. Nous jetons les corps des rats écrasés par-dessus le parapet[2] de la tranchée et nous nous remettons aux aguets.

---

1. *Musette* : voir la note 4, p. 31.
2. *Parapet* : muret surplombant la tranchée pour en protéger les occupants.

Le coup nous réussit encore quelques fois. Puis les bêtes ont remarqué quelque chose ou bien ont senti l'odeur du sang. Elles ne viennent plus. Cependant, le lendemain, le pain qui restait sur le sol a été emporté par elles.

Dans le secteur voisin, les rats ont assailli deux gros chats et un chien qu'ils ont tués et mangés.

E. M. Remarque, *À l'Ouest rien de nouveau.*

L'ennemi de l'intérieur : les rats.

La boue

Blaise Cendrars (1887-1961),
La Main coupée.

La vie aventureuse de Blaise Cendrars, écrivain suisse, ressemble à celle d'un héros de roman. Engagé dans la Légion étrangère en 1914, il perd un bras au combat l'année suivante. Il écrit trois récits autobiographiques sur son expérience de la guerre (*J'ai tué*, *L'Homme foudroyé*, *La Main coupée*).

Comme tous les soldats de 1914, il a été impressionné par le danger sournois que représente la boue.

Nous étions remontés en ligne devant Herbécourt, dans la tranchée Clara, où tout l'héroïsme consistait de résister durant quatre jours à la succion[1] de la boue qui faisait ventouse par en bas. Cette tranchée Clara était une position allemande qui avait été prise et reprise je ne sais combien de fois le mois précédent et si nous l'occupions, ce n'était peut-être que provisoirement. Pour un sale coin c'était un sale coin, un lac de bouillasse d'où émergeaient des tas de boue qui s'arrondissaient en forme de croûtes molles et boursouflées que crevaient les obus qui faisaient jaillir des geysers[2] giclant épais à différentes hauteurs, le trou des entonnoirs se remplissant lentement mais inexo-

---

1. *Succion* : aspiration.
2. *Geysers* : jaillissements en forme de gerbe.

rablement d'une eau lourde et crayeuse. Dans ce magma[1] les hommes glissaient, sautaient, nageaient, étaient plus souvent sur le dos ou sur le ventre que sur pieds et, comme des naufragés vidés dans un lagon, allaient munis d'une grosse canne ou d'un bâton, pataugeaient, s'enlisaient, perdaient le fond, plongeaient dans la flotte jusqu'au menton, se cramponnaient à des pieux ou à des bouts de planche coincés entre deux monticules bavants ou fichés de travers le long des parois glissantes comme les échelons d'une échelle démantibulée dont les deux bouts eussent été engloutis, et les hommes se sentaient perdus et restaient cramponnés à leurs misérables appuis, comme suspendus au bord du gouffre qui digérait tout ce qui y tombait, et si l'immonde bouillasse ne montait pas jusqu'à leur instable point d'appui pour leur faire lâcher prise à la longue, on voyait dans leurs yeux monter l'horreur et la détresse au fur et à mesure qu'ils prenaient conscience de leur situation et sentaient grandir leur faiblesse.

Nous faisions corps avec des chasseurs à cheval mis à pied faute de montures et qui venaient avec nous à la Clara comme renfort, l'effectif des escouades [2] étant réduit et allant chaque jour s'amenuisant à la suite des évacuations de plus en plus nombreuses vu les pieds gelés, les bronchites, les pneumonies, les rhumatismes, les conjonctivites, les maux de dents, et autres séquelles dues aux misères de ce premier hiver de guerre, et c'est dans la tranchée Clara que j'ai vu un de ces maladroits cavaliers, gênés qu'ils étaient dans

---

1. *Magma* : masse épaisse de consistance pâteuse.
2. *Escouades* : sections de soldats sous les ordres d'un caporal.

Dans les tranchées.

leurs mouvements par leur haut shako[1], leurs éperons, leur grand sabre, leur manteau de cavalerie à pèlerine et à traîne, leurs houseaux [2], être lentement aspiré et disparaître dans le fond sans que nous puissions le tirer de là, et nous étions bien dix à l'entourer, à lui tendre la main, des perches ou nos fusils, à lui donner des bons conseils pour se dépêtrer, lui criant surtout de ne pas bouger car il s'enfonçait à chaque mouvement qu'il faisait, à lui placer des bouts de bois sous les bras, essayant de faire levier avec une grosse tige de fer sans arriver à l'arracher, même au risque de lui défoncer la poitrine ou de lui faire sauter les omoplates tant nos manœuvres se faisaient brusques dans notre désarroi, ses houseaux faisant succion, l'ignoble ventouse ayant raison de nous. Le malheureux !...

Blaise Cendrars, *La Main coupée.*

1. *Shako* : casquette militaire.
2. *Houseaux* : pièces de cuir entourant le mollet dans certains uniformes.

Le confort de l'état-major

Louis-Ferdinand Céline (1894-1961),
Voyage au bout de la nuit.

Louis-Ferdinand Céline s'est engagé dès le début de la guerre dans un régiment de cuirassiers [1]. Blessé après trois mois de guerre, il subit deux interventions chirurgicales avant d'être réformé. Son expérience du feu nourrit son premier roman autobiographique, *Voyage au bout de la nuit*, publié en 1932. L'œuvre, par la nouveauté radicale de son style qui emprunte au langage parlé et parce qu'elle tourne en dérision les valeurs établies, provoque un scandale à sa parution.

Dans l'extrait qui suit, le héros, Ferdinand Bardamu, dénonce l'égoïsme des chefs, préoccupés de leur seul confort et peu soucieux du danger qu'ils font subir à leurs hommes.

Quand nous avions donc traîné jusqu'au soir de chemins en collines et de luzernes en carottes, on finissait tout de même par s'arrêter pour que notre général puisse coucher quelque part. On lui cherchait et on lui trouvait un village calme, bien à l'abri, où les troupes ne campaient pas encore et s'il y en avait déjà dans le village des troupes, elles décampaient en vitesse, on les foutait à la porte, tout simplement ; à la

1. *Cuirassiers* : soldats de la cavalerie.

belle étoile, même si elles avaient déjà formé les faisceaux.

Le village, c'était réservé rien que pour l'état-major, ses chevaux, ses cantines, ses valises, et aussi pour ce saligaud de commandant. Il s'appelait Pinçon ce salaud-là, le commandant Pinçon. J'espère qu'à l'heure actuelle il est bien crevé (et pas d'une mort pépère). Mais à ce moment-là, dont je parle, il était encore salement vivant, le Pinçon. Il nous réunissait chaque soir, les hommes de la liaison[1] et puis alors il nous engueulait un bon coup pour nous remettre dans la ligne et pour essayer de réveiller nos ardeurs. Il nous envoyait à tous les diables, nous qui avions traîné toute la journée derrière le général. Pied à terre ! À cheval ! Repied à terre ! Comme ça à lui porter ses ordres, de-ci, de-là. On aurait aussi bien fait de nous noyer quand c'était fini. C'eût été plus pratique pour tout le monde.

– Allez-vous-en tous ! Allez rejoindre vos régiments ! Et vivement ! qu'il gueulait.

– Où qu'il est, le régiment, mon commandant ? qu'on demandait nous...

– Il est à Barbagny.

– Où que c'est Barbagny ?

– C'est par là !

Par là, où il montrait, il n'y avait rien que la nuit, comme partout d'ailleurs, une nuit énorme qui bouffait la route à deux pas de nous et même qu'il n'en sortait du noir qu'un petit bout de route grand comme la langue.

Allez donc le chercher son Barbagny dans la fin d'un monde ! Il aurait fallu qu'on sacrifiât pour le

1. *Les hommes de la liaison* : voir la note 2, p. 30.

retrouver son Barbagny au moins un escadron[1] tout entier ! Et encore un escadron de braves !

Et moi qui n'étais point brave et qui ne voyais pas du tout pourquoi j'aurais été brave, j'avais évidemment encore moins envie que personne de retrouver son Barbagny, dont il nous parlait d'ailleurs lui-même absolument au hasard. C'était comme si on avait essayé en m'engueulant très fort de me donner l'envie d'aller me suicider. Ces choses-là on les a ou on ne les a pas.

De toute cette obscurité si épaisse qu'il vous semblait qu'on ne reverrait plus son bras dès qu'on l'étendait un peu plus loin que l'épaule, je ne savais qu'une chose, mais cela alors tout à fait certainement, c'est qu'elle contenait des volontés homicides[2] énormes et sans nombre.

Cette gueule d'état-major n'avait de cesse, dès le soir revenu, de nous expédier au trépas[3] et ça le prenait souvent dès le coucher du soleil. On luttait un peu avec lui à coups d'inertie, on s'obstinait à ne pas le comprendre, on s'accrochait au cantonnement[4] pépère tant bien que mal, tant qu'on pouvait, mais enfin quand on ne voyait plus les arbres, à la fin, il fallait consentir tout de même à s'en aller mourir un peu : le dîner du général était prêt.

L.-F. Céline, *Voyage au bout de la nuit.*

1. *Escadron* : subdivision d'un régiment commandée par un capitaine.
2. *Homicides* : mortelles, qui causent la mort.
3. *Trépas* : mort.
4. *Cantonnement* : lieu où les troupes font étape pour camper.

L&F. Funken.

De 1914 à 1918 l'uniforme français évolue.
À gauche, la tenue datant de 1870 avec le fameux pantalon garance ; à droite, le nouvel uniforme bleu horizon avec le casque Adrian.

L'uniforme

En 1914, les soldats sont partis pour le front avec l'uniforme qu'ils portaient lors de la guerre de 1870, c'est-à-dire une tunique bleue et un pantalon garance (rouge). Ils étaient coiffés d'un képi également bleu et rouge.

La légende veut que la couleur trop voyante du pantalon ait été la cause des énormes pertes des premiers temps. En réalité, c'est surtout la tactique délibérément offensive et le manque d'expérience qui furent responsables du trop grand nombre de morts. En avril 1915, un nouvel uniforme fut instauré, l'uniforme « bleu horizon » dans lequel le képi était remplacé par un casque, appelé casque Adrian, du nom de son concepteur.

Le feu

La bataille, c'est avant tout un chaos de fer et de feu contre lequel l'individu ne peut rien. Lancés à l'assaut des tranchées adverses par vagues, progressant sur un terrain découvert et balayé par le feu incessant de l'ennemi, les soldats ne peuvent compter que sur la chance pour éviter les balles. On est loin des duels chevaleresques du Moyen Âge ! Tous les écrivains s'accordent à décrire l'épouvante qu'ils ont ressentie sous les bombardements massifs et interminables qui accompagnaient les assauts. Et quand l'ennemi est là, à la fois menaçant et terrifié, surgit une nouvelle angoisse : celle de tuer. Ou d'être tué…

Les forces armées

La Première Guerre mondiale a surtout été une guerre de **fantassins** et **d'artilleurs**.

Les **fantassins** sont les soldats de l'infanterie, force armée qui va à pied et qui est chargée de la conquête et de l'occupation du terrain. Les fantassins utilisaient le fusil, la mitrailleuse et la grenade.

Les **artilleurs** sont les soldats d'artillerie, corps de l'armée chargé du maniement des canons et des obusiers.

La **cavalerie** (troupes armées à cheval), dont font partie les **cuirassiers**, était encore une force importante des armées française et allemande en 1914. Mais la guerre de positions et l'utilisation de la mitrailleuse démontrèrent progressivement qu'elle n'avait plus grande utilité au combat. Cette force devait plus tard se reconvertir dans l'arme blindée (chars).

L'**aviation**, pratiquement ignorée au début de la guerre, a joué progressivement un rôle croissant dans les combats. Les progrès réalisés au plan technique dans l'aviation sont ainsi l'un des plus grands apports de la guerre.

« On assassine des hommes »

Roland Dorgelès (1885-1973),
Les Croix de bois. [Cf. p. 29]

Durant la guerre de positions[1], les attaques ne sont pas très fréquentes, mais terriblement meurtrières. Perdu au milieu des tirs et des flammes, le soldat tire au hasard sur des ennemis invisibles. Pas de héros dans cette confusion, mais «des hommes» qui tirent sur «de la nuit ou des hommes».

— Ils attaquent!

Gilbert[2] et moi avons bondi ensemble, assourdis. Nos mains aveugles cherchent le fusil et arrachent la toile de tente qui bouche l'entrée.

— Ils sont dans le chemin creux!

Le cimetière hurle de grenades, flambe, crépite. C'est comme une folie de flammes et de fracas qui brusquement éclate dans la nuit. Tout tire. On ne sait rien, on n'a pas d'ordres : ils attaquent, ils sont dans le chemin, c'est tout...

Un homme passe en courant devant notre trou et s'abat, comme s'il avait buté. D'autres ombres passent, courent, avancent, se replient. D'une chapelle ruinée, les fusées rouges jaillissent, appelant le barrage. Puis le jour semble naître d'un coup; de grandes étoiles

1. *Guerre de positions* : voir l'encadré, p. 33.
2. *Gilbert Demachy* : meilleur ami du narrateur.

blafardes crèvent au-dessus de nous, et, comme à la lueur d'un phare, on voit naître des fantômes, qui galopent entre les croix. Des grenades éclatent, lancées de partout. Une mitrailleuse glisse sous une dalle, comme un serpent, et se met à tirer, au tir rapide, fauchant les ruines.

— Ils sont dans le chemin, répètent les voix.

Et, aplatis contre le talus, des hommes lancent toujours des grenades, sans s'arrêter, de l'autre côté du mur. Par-dessus le parapet, sans viser, les hommes tirent. Toutes les tombes se sont ouvertes, tous les morts se sont dressés, et, encore aveuglés, ils tuent dans le noir, sans rien voir, ils tuent de la nuit ou des hommes.

Cela pue la poudre. Les fusées qui s'épanouissent font courir des ombres fantastiques sur le cimetière ensorcelé. Près de moi, Maroux, en se cachant la tête,

tire entre deux sacs dont la terre s'écoule. Un homme se tord dans les gravats, comme un ver qu'on a coupé d'un coup de bêche. Et d'autres fusées rouges montent encore, semblant crier : « Barrage ! barrage [1] ! »

Les torpilles tombent, par volées, défonçant les marbres. Elles arrivent par salves, et c'est comme un tonnerre qui rebondirait cinq fois.

— Tirez ! tirez ! hurle Ricordeau qu'on ne voit pas.

Abasourdis, hébétés, on recharge le lebel[2] qui brûle. Demachy, sa musette[3] déjà vide, a ramassé les grenades d'un copain tombé et les lance, avec un grand geste de frondeur. Dans le fracas, on entend des

---

1. *Barrage* : on appelle « tir de barrage » un feu particulièrement nourri.
2. *Lebel* : fusil de l'armée française.
3. *Musette* : voir la note 4, p. 31.

Les Croix de bois (1932) de Raymond Bernard, avec Charles Vanel.

Les « croix de bois », ce sont les milliers de tombes érigées à la va-vite pour les morts au combat. Dans cette scène, tirée du roman de Dorgelès, des soldats portent en terre un de leurs camarades, pour lequel ils ont taillé une croix de fortune dans une caisse en bois.

cris, des plaintes, sans y prendre garde. Il y en a certainement qui sont ensevelis. Un instant, les fusées découvrent un grand mort, couché sur une dalle, tout en long, comme un homme de pierre.

En rafale, notre barrage arrive enfin, et une haie rouge de fusants [1] crève la nuit, en tonnant. Les obus se suivent, mêlant leurs aiguillées, et cela forge une haie de fer au-dessus de nous. Percutants [2] et fusants se plantent furieusement devant nos lignes, barrant la route, et, empanaché de fusées, claquant d'obus, le cimetière semble vomir des flammes. D'un parapet à l'autre, les hommes courent sans savoir, trébuchant, se poussant. Beaucoup culbutent, la tête lourde, les reins pliés, et les tombes en vomissent toujours d'autres, dont les shrapnells [3] et les fusées découvrent les silhouettes traquées.

Au centre, devant le saint impassible, les torpilles piochent, hachant les soldats sous les dalles, écrasant les blessés au pied des croix. Dans les tombes, sur les gravats, cela geint, cela se traîne. Quelqu'un s'abat près de moi et me saisit furieusement la jambe, en râlant.

Les coups précipités nous cognent sur la nuque. Cela tombe si près qu'on chavire, aveuglé d'éclatements. Nos obus et les leurs se joignent en hurlant. On ne voit plus, on ne sait plus. Du rouge, de la fumée, des fracas…

Quoi, est-ce leur 88, ou notre 75 [4] qui tire trop court?… Cette meute de feu nous cerne. Les croix

---

1. *Fusants* : obus qui éclatent avant de toucher le sol.
2. *Percutants* : obus qui explosent au contact d'une cible.
3. *Shrapnells* : obus remplis de balles.
4. *88, 75* : calibres d'obus.

broyées nous criblent d'éclats sifflants… Les torpilles, les grenades, les obus, les tombes même éclatent. Tout saute, c'est un volcan qui crève. La nuit en éruption va nous écraser tous…

Au secours ! Au secours ! On assassine des hommes !

Roland Dorgelès, *Les Croix de bois.*

Un canon de 75 mm.

La couverture de l'édition originale du *Feu*.

Face à l'ennemi

Henri Barbusse (1873-1935),
Le Feu.

Journaliste et romancier français, Henri Barbusse a des convictions pacifistes et socialistes. Engagé volontaire dès 1914, il est blessé au combat, et c'est de son lit d'hôpital qu'il écrit *Le Feu*, dont le succès critique et populaire est immédiat, puisqu'il obtient le prix Goncourt en 1916. Après la guerre, Barbusse s'engage aux côtés du parti communiste. Il meurt à Moscou en 1935.

Les montées à l'assaut des tranchées ennemies sont des moments où se révèlent à la fois le courage et la bestialité des combattants. Mais ces attaques, souvent mal préparées par les états-majors qui se soucient peu des pertes humaines (271 000 soldats français tués ou blessés du 16 avril au 15 mai 1917 lors de l'offensive Nivelle au Chemin des Dames), auront des conséquences politiques profondes : l'année 1917 marque une exaspération des soldats, qui se traduit par de nombreuses mutineries.

— Les Boches ! J'les vois ! dit tout à coup un homme.

— Oui… Leurs têtes, là, au-dessus de la tranchée… C'est là qu'est la tranchée, c'te ligne. C'est tout près. Ah ! les vaches !

On distingue en effet de petites calottes grises qui montent puis s'interceptent au ras du sol, à une cinquantaine de mètres, au-delà d'une bande de terre noire sillonnée et bossuée.

Un sursaut soulève ceux qui forment à présent le groupe où je suis. Si près du but, indemnes jusque-là, n'y arrivera-t-on pas? Si, on y arrivera! On fait de grandes enjambées. On n'entend plus rien. Chacun se lance devant soi, attiré par le fossé terrible, raidi en avant, presque incapable de tourner la tête à droite ou à gauche.

On a la notion que beaucoup perdent pied et s'affaissent à terre. Je fais un saut de côté pour éviter la baïonnette brusquement érigée d'un fusil qui dégringole. Tout près de moi, Farfadet[1], la figure en sang, se dresse, me bouscule, se jette sur Volpatte qui est à côté de moi et se cramponne à lui; Volpatte plie et, continuant son élan, le traîne quelques pas avec lui, puis il le secoue et s'en débarrasse, sans le regarder, sans savoir qui il est, en lui jetant d'une voix entrecoupée, presque asphyxiée par l'effort :

— Lâche-moi, lâche-moi, nom de Dieu!... Tout à l'heure, on t'ramassera. T'en fais pas.

L'autre s'effondre, et sa figure enduite d'un masque vermillon[2], d'où toute expression a été arrachée, se tourne de côté et d'autre — tandis que Volpatte, déjà loin, répète machinalement entre ses dents : « T'en fais pas », l'œil fixé en avant, sur la ligne.

Une nuée de balles gicle autour de moi, multipliant les arrêts subits, les chutes retardées, révoltées, gesticulantes, les plongeons faits d'un bloc avec tout le fardeau du corps, les cris, les exclamations sourdes,

1. *Farfadet, Volpatte, Pépin, Fouillade* : soldats de l'escouade du narrateur, commandée par le caporal Bertrand.
2. *Vermillon* : rouge vif.

rageuses, désespérées, ou bien les « han ! » terribles et creux où la vie entière s'exhale d'un coup. Et nous qui ne sommes pas encore atteints, nous regardons en avant, nous marchons, nous courons, parmi les jeux de la mort qui frappe au hasard dans toute notre chair.

Les fils de fer. Il y en a une zone intacte. On la tourne. Elle est éventrée d'un large passage profond : c'est un colossal entonnoir formé d'entonnoirs juxtaposés, une fantastique bouche de volcan creusée là par le canon.

Le spectacle de ce bouleversement est stupéfiant. Il semble vraiment que cela est venu du centre de la terre. L'apparition d'une pareille déchirure des couches du sol aiguillonne notre ardeur d'assaillants, et d'aucuns ne peuvent s'empêcher de s'écrier, avec un sombre hochement de tête, en ce moment où les paroles s'arrachent difficilement des gorges :

— Ah ! zut alors, qu'est-ce qu'on leur a foutu là ! ah ! zut !

Poussés comme par le vent, on monte et on descend, au gré des vallonnements et des monceaux terreux, dans cette brèche démesurée du sol qui fut souillé, noirci, cautérisé [1] par les flammes acharnées. La glèbe[2] se colle aux pieds. On s'en arrache avec rage. Les équipements, les étoffes qui tapissent le sol mou, le linge qui s'y est répandu hors des musettes [3] éventrées, empêchent qu'on ne s'embourbe et on a soin de jeter le pied sur ces dépouilles quand on saute dans les trous ou qu'on escalade les monticules.

Derrière nous, des voix nous poussent :

---

1. *Cautérisé* : brûlé.
2. *Glèbe* : terre.
3. *Musettes* : voir la note 4, p. 31.

— En avant, les gars, en avant! Nom de Dieu!

— Tout le régiment est derrière nous! crie-t-on.

On ne se retourne pas pour voir, mais cette assurance électrise encore notre ruée.

Il n'y a plus de casquettes visibles derrière les talus de la tranchée dont on approche. Des cadavres d'Allemands s'égrènent devant — entassés comme des points ou étendus comme des lignes. On arrive. Le talus se précise avec ses formes sournoises, ses détails : les créneaux... On en est prodigieusement, incroyablement près...

Quelque chose tombe devant nous. C'est une grenade. D'un coup de pied, le caporal Bertrand la renvoie si bien qu'elle saute en avant et va éclater juste dans la tranchée.

C'est sur ce coup heureux que l'escouade[1] aborde le fossé.

Pépin s'est précipité à plat ventre. Il évolue autour d'un cadavre. Il atteint le bord, il s'y enfonce. C'est lui qui est entré le premier. Fouillade, qui fait de grands gestes et crie, bondit dans le creux presque au moment où Pépin s'y coule... J'entrevois – le temps d'un éclair – toute une rangée de démons noirs, se baissant et s'accroupissant pour descendre, sur le faîte [2] du talus, au bord du piège noir.

Une salve terrible nous éclate à la figure, à bout portant, jetant devant nous une subite rampe de flammes tout le long de la bordure. Après un coup d'étourdissement, on se secoue et on rit aux éclats, diaboliquement : la décharge a passé trop haut. Et aussitôt, avec des exclamations et des rugissements de

1. *Escouade* : voir la note 2, p. 38.
2. *Faîte* : sommet.

délivrance, nous glissons, nous roulons, nous tombons vivants dans le ventre de la tranchée !

Une fumée incompréhensible nous submerge. Dans le gouffre étranglé, je ne vois d'abord que des uniformes bleus. On va dans un sens puis dans l'autre, poussés les uns par les autres, en grondant, en cherchant. On se retourne et, les mains embarrassées par le couteau, les grenades et le fusil, on ne sait pas d'abord quoi faire.

— I's sont dans leurs abris, les vaches ! vocifère-t-on.

De sourdes détonations ébranlent le sol : ça se passe sous terre, dans les abris. On est tout à coup séparé par des masses monumentales d'une fumée si épaisse qu'elle vous applique un masque et qu'on ne voit plus rien. On se débat comme des noyés, au travers de cette atmosphère ténébreuse et âcre, dans un morceau de nuit. On bute contre des récifs d'êtres accroupis, pelotonnés, qui saignent et crient, au fond. On entrevoit à peine les parois, toutes droites ici, et faites de sacs de terre en toile blanche – qui est déchirée partout comme du papier. Par moments, la lourde buée tenace se balance et s'allège, et on revoit grouiller la cohue assaillante… Arrachée au poussiéreux tableau, une silhouette de corps à corps se dessine sur le talus, dans une brume, et s'affaisse, s'enfonce. J'entends quelques grêles « Kamerad ! » émanant d'une bande à têtes hâves [1] et à vestes grises acculée dans un coin qu'une déchirure immensifie. Sous le nuage d'encre, l'orage d'hommes reflue, monte dans le même sens, vers la droite, avec des res-

1. *Hâves* : pâles et maigres.

sauts et des tourbillonnements, le long de la sombre jetée défoncée.

Et soudain, on sent que c'est fini. On voit, on entend, on comprend que notre vague qui a roulé ici à travers les barrages n'a pas rencontré une vague égale, et qu'on s'est replié à notre venue. La bataille humaine a fondu devant nous. Le mince rideau de défenseurs s'est émietté dans les trous où on les prend comme des rats ou bien on les tue. Plus de résistance : du vide, un grand vide. On avance, entassés, comme une file terrible de spectateurs.

Henri Barbusse, *Le Feu.*

En première ligne.

La mort en face

Erich Maria Remarque (1898-1970),
À l'Ouest rien de nouveau. [Cf. p. 34]

Paul, le narrateur, a poignardé un soldat français qui avait cherché refuge dans le même trou d'obus que lui lors d'un bombardement. Après une interminable agonie, et malgré les efforts de Paul pour le soigner, l'homme meurt. Rongé par le remords, Paul s'adresse à lui.

Le silence se prolonge. Je parle, il faut que je parle. C'est pourquoi je m'adresse à lui, en lui disant : « Camarade, je ne voulais pas te tuer. Si, encore une fois, tu sautais dans ce trou, je ne le ferais plus, à condition que toi aussi tu sois raisonnable. Mais d'abord tu n'as été pour moi qu'une idée, une combinaison née dans mon cerveau et qui a suscité une résolution ; c'est cette combinaison que j'ai poignardée. À présent je m'aperçois pour la première fois que tu es un homme comme moi. J'ai pensé à tes grenades, à ta baïonnette et à tes armes ; maintenant c'est ta femme que je vois, ainsi que ton visage et ce qu'il y a en nous de commun. Pardonne-moi, camarade. Nous voyons les choses toujours trop tard. Pourquoi ne nous dit-on pas sans cesse que vous êtes, vous aussi, de pauvres chiens comme nous, que vos mères se tourmentent comme les nôtres et que nous avons tous la même peur de la mort, la même façon de mourir et les mêmes souffrances ?

Pardonne-moi, camarade; comment as-tu pu être mon ennemi? Si nous jetions ces armes et cet uniforme tu pourrais être mon frère, tout comme Kat et Albert. Prends vingt ans de ma vie, camarade, et lève-toi… Prends-en davantage, car je ne sais pas ce que, désormais, j'en ferai encore.»

Tout est calme. Le front est tranquille, à l'exception du crépitement des fusils. Les balles se suivent de près; on ne tire pas n'importe comment; au contraire, on vise soigneusement de tous les côtés. Je ne puis pas quitter mon abri.

«J'écrirai à ta femme, dis-je hâtivement au mort. Je veux lui écrire; c'est moi qui lui apprendrai la nouvelle; je veux tout lui dire, de ce que je te dis; il ne faut pas qu'elle souffre; je l'aiderai, et tes parents aussi, ainsi que ton enfant…»

Son uniforme est encore entrouvert. Il est facile de trouver le portefeuille. Mais j'hésite à l'ouvrir. Il y a là son livret militaire avec son nom. Tant que j'ignore son nom, je pourrai peut-être encore l'oublier; le temps effacera cette image. Mais son nom est un clou qui s'enfoncera en moi et que je ne pourrai plus arracher. Il a cette force de tout rappeler, en tout temps; cette scène pourra toujours se reproduire et se présenter devant moi.

Sans savoir que faire, je tiens dans ma main le portefeuille. Il m'échappe et s'ouvre. Il en tombe des portraits et des lettres. Je les ramasse pour les remettre en place; mais la dépression que je subis, toute cette situation incertaine, la faim, le danger, ces heures passées avec le mort ont fait de moi un désespéré; je veux hâter le dénouement, accroître la torture, pour y mettre fin, de même que l'on fracasse contre un arbre une main dont la douleur est insupportable, sans se soucier de ce qui arrivera ensuite.

Ce sont les portraits d'une femme et d'une petite fille, de menues photographies d'amateur prises devant un mur de lierre. À côté d'elles il y a des lettres. Je les sors et j'essaie de les lire. Je ne comprends pas la plupart des choses; c'est difficile à déchiffrer et je ne connais qu'un peu de français. Mais chaque mot que je traduis me pénètre, comme un coup de feu dans la poitrine, comme un coup de poignard au cœur…

Ma tête est en proie à une violente surexcitation. Mais j'ai encore assez de clarté d'esprit pour comprendre qu'il ne me sera jamais permis d'écrire à ces gens-là, comme je le pensais précédemment. C'est impossible. Je regarde encore une fois les portraits; ce ne sont pas des gens riches. Je pourrai leur envoyer de l'argent anonymement, si plus tard j'en gagne un peu. Je m'accroche à cette idée; c'est là du moins pour moi un petit point d'appui. Ce mort est lié à ma vie; c'est pourquoi je dois tout faire et tout promettre, pour me sauver; je jure aveuglément que je ne veux exister que pour lui et pour sa famille. Les lèvres humides, c'est à lui que je m'adresse et, ce faisant, au plus profond de moi-même réside l'espoir de me racheter par là et peut-être ici encore d'en réchapper, avec aussi cette petite ruse qu'il sera toujours temps de revenir sur ces serments. J'ouvre le livret et je lis lentement : « Gérard Duval, typographe [1]. »

1. *Typographe* : ouvrier imprimeur.

J'inscris avec le crayon du mort l'adresse sur une enveloppe et puis, soudain, je m'empresse de remettre le tout dans sa veste.

J'ai tué le typographe Gérard Duval. Il faut que je devienne typographe, pensé-je tout bouleversé, que je devienne typographe, typographe…

E. M. Remarque, *À l'Ouest rien de nouveau.*

L'Allemand Paul et le Français Gérard Duval,
ennemis malgré eux, ont trouvé refuge dans un même trou d'obus…
(*À l'Ouest rien de nouveau*, de Lewis Milestone, 1930)

Le port du masque à gaz.
Malgré la convention de La Haye du 29 juillet 1899, qui en interdisait l'utilisation, l'armée allemande allait avoir recours dès avril 1915 aux gaz asphyxiants. Des milliers de soldats dans les deux camps furent ainsi « gazés ». S'ils survécurent aux combats, c'est au prix de graves séquelles et d'une mort souvent prématurée.

La peur

Louis-Ferdinand Céline (1894-1961),
Voyage au bout de la nuit. [Cf. p. 41]

Jeune engagé volontaire, le narrateur, Ferdinand Bardamu, découvre au front l'effroyable réalité de la guerre, sa violence aveugle qui se nourrit d'elle-même. Face à l'horreur, il éprouve une peur nouvelle.

Serais-je donc le seul lâche sur la terre? pensais-je. Et avec quel effroi!... Perdu parmi deux millions de fous héroïques et déchaînés et armés jusqu'aux cheveux? Avec casques, sans casques, sans chevaux, sur motos, hurlants, en autos, sifflants, tirailleurs, comploteurs, volants, à genoux, creusant, se défilant, caracolant dans les sentiers, pétaradant, enfermés sur la terre comme dans un cabanon, pour y tout détruire, Allemagne, France et Continents, tout ce qui respire, détruire, plus enragés que les chiens, adorant leur rage (ce que les chiens ne font pas), cent, mille fois plus enragés que mille chiens et tellement plus vicieux. Nous étions jolis! Décidément, je le concevais, je m'étais embarqué dans une croisade apocalyptique.

On est puceau de l'horreur comme on l'est de la volupté. Comment aurais-je pu me douter moi de cette horreur en quittant la place Clichy? Qui aurait pu prévoir, avant d'entrer vraiment dans la guerre, tout ce que contenait la sale âme héroïque et fainéante des hommes? À présent, j'étais pris dans cette fuite en masse, vers le meurtre en commun, vers le feu… Ça venait des profondeurs et c'était arrivé.

L.-F. Céline, *Voyage au bout de la nuit.*

L'ARRIÈRE

Terme péjoratif s'il en est, l'arrière désigne tous ceux qui ne font pas la guerre. Ce terme inclut donc les vieillards, les femmes et les enfants, mais surtout les hommes qui n'ont pas été mobilisés, et que les poilus soupçonnent d'être des «planqués», des «embusqués» : policiers, fonctionnaires, etc.

Pendant la guerre, l'arrière ne manque de rien : dans les villes, restaurants et théâtres sont pleins. La guerre, bloquée aux frontières, semble loin. Ce sentiment d'être abandonnés par leurs propres compatriotes remplit les soldats de colère et d'amertume. Tous les romans évoquent, chacun à sa manière, les sentiments contradictoires des soldats en permission : heureux de revoir les leurs, ils se sentent néanmoins séparés d'eux par une barrière infranchissable.

Donneurs de leçons

Erich Maria Remarque (1898-1970),
À l'Ouest rien de nouveau. [Cf. p. 34]

Paul a obtenu une permission pour rentrer chez lui quelques jours. Mais, dès les premiers jours, il comprend que rien ne sera plus comme avant...

Après que, dans la rue, je me suis effrayé deux ou trois fois parce que le bruit des tramways ressemble à celui des obus qui s'approchent en grondant, quelqu'un me frappe sur l'épaule. C'est mon professeur d'allemand qui me pose précipitamment les questions habituelles : « Eh bien, comment cela va-t-il, là-bas? C'est terrible, terrible, n'est-ce pas? Oui, c'est épouvantable, mais il faut que nous tenions et, somme toute, là-bas vous avez au moins une bonne nourriture, à ce qu'on m'a dit. Vous avez bonne mine, Paul. Vous paraissez très vigoureux; ici, naturellement, ça ne va pas aussi bien; c'est tout à fait naturel. Cela même va de soi : le meilleur doit être toujours pour nos soldats. »

Il m'entraîne au café, à sa table d'habitués. Je suis reçu d'une manière grandiose. Un monsieur qui porte le titre de directeur me donne la main et dit : « Ah ! vous venez du front; comment est le moral, là-bas? Excellent, excellent, n'est-ce pas? »

Je déclare que chacun voudrait bien rentrer chez soi.

Il rit formidablement : «Je vous crois! Mais d'abord il vous faut rosser le *Franzmann*. Fumez-vous? Tenez, allumez-en un. Garçon, apportez aussi un verre de bière à notre jeune guerrier.»

J'ai malheureusement accepté le cigare; aussi je suis obligé de rester. Tout le monde est débordant de bienveillance; contre cela, il n'y a rien à dire. Cependant, je suis mécontent et je fume aussi vite que je peux. Pour faire au moins quelque chose, j'ingurgite d'un trait le verre de bière. Aussitôt on m'en fait apporter un second. Les gens savent ce qu'ils doivent à un soldat. Ils disputent sur ce que nous devons annexer. Le directeur, qui porte une chaîne de montre en fer, est le plus gourmand : il lui faut toute la Belgique, les régions houillères de la France et de grands morceaux de la Russie. Il donne les raisons exactes pour lesquelles cela doit nous revenir et il reste inflexible tant que les autres ne céderont pas. Alors il se met à expliquer en quel endroit doit se faire la percée du front français et, sur ces entrefaites, il se tourne vers moi : «Eh bien, avancez donc un peu, là-bas, avec votre éternelle guerre de positions[1]. Flanquez une tripotée à ces bougres-là, alors nous aurons la paix.»

Je réponds que, selon notre opinion, une rupture du front est impossible, car les gens d'en face ont, pour cela, beaucoup trop de réserves[2]. En outre, je dis que la guerre est bien différente de ce que l'on croit.

Il riposte d'un air supérieur et me prouve que je n'y entends rien. «À coup sûr, pour ce qui est des détails, vous avez raison, dit-il, mais, ce qui importe

1. *Guerre de positions* : voir l'encadré, p. 33.
2. *Réserves* : troupes de réserve.

c'est l'ensemble et, cela, vous n'êtes pas en état de le juger. Vous ne voyez que votre petit secteur et c'est pourquoi vous ne pouvez pas avoir d'aperçu général. Vous faites votre devoir, vous risquez votre vie, cela mérite les plus grands honneurs. Chacun de vous devrait avoir la croix de fer[1]. Mais, avant tout, le front ennemi doit être rompu dans les Flandres et puis il faut le faire céder du haut en bas. » Il souffle et s'essuie la barbe. « Il faut le faire céder complètement du haut en bas, et puis marcher sur Paris. »

Je voudrais bien savoir comment il se représente la chose et je m'enfile le troisième verre. Aussitôt il en commande un autre.

Mais je me lève. Il me met encore quelques cigares dans la poche et il me congédie avec une tape amicale.

« Tous nos vœux ! Il faut espérer que bientôt nous entendrons parler de vous d'une façon magnifique. »

E. M. Remarque, *À l'Ouest rien de nouveau.*

1. *Croix de fer* : décoration de l'armée allemande.

À la gare, un groupe de soldats permissionnaires.

Illusions de l'arrière

Henri Barbusse (1873-1935),
Le Feu. [Cf. p. 55]

Le narrateur et ses camarades d'escouade[1] sont en permission à Paris. À la fois émerveillés et impressionnés par le luxe qui les entoure et qui contraste avec leurs conditions de vie au front, ils constatent également que, contrairement à ce qu'affirment les journaux, tout le monde ne souffre pas de la guerre…

On entre dans le Café de l'Industrie et des Fleurs.

Un chemin en sparterie[2] habille le milieu du parquet. On voit, peints le long des murs, le long des montants carrés qui soutiennent le plafond et sur le devant du comptoir, des volubilis[3] violets, de grands pavots groseille et des roses comme des choux rouges.

— Y a pas à dire, on a du goût, en France, fait Tirette.

— Il en a fallu un paquet de patience pour faire ça, constate Blaire à la vue de ces fioritures versicolores[4].

— Dans ces établissements-là, ajoute Volpatte, c'est pas seulement le plaisir de boire!

1. *Escouade* : voir la note 2, p. 38.
2. *Sparterie* : tapis de crin.
3. *Volubilis* : sorte de grosses fleurs.
4. *Versicolores* : multicolores.

Paradis nous apprend qu'il a l'habitude des cafés. Il a souvent, jadis, hanté, le dimanche, des cafés aussi beaux et même plus beaux que celui-là. Seulement, il y a longtemps et il avait, explique-t-il, perdu le goût qu'ils ont. Il désigne une petite fontaine en émail décorée de fleurs et pendue au mur.

— Y a d'quoi se laver les mains.

On se dirige, poliment, vers la fontaine. Volpatte fait signe à Paradis d'ouvrir le robinet.

— Fais marcher l'système baveux.

Puis, tous les cinq, nous gagnons la salle déjà garnie, dans son pourtour, de consommateurs, et nous nous installons à une table.

— Ce s'ra cinq vermouth-cassis, pas?

— On s'rhabituerait bien, après tout, répète-t-on.

Des civils se déplacent et viennent dans notre entourage. On dit à demi voix :

— Ils ont tous la croix de guerre[1], Adolphe, tu vois…

— Ce sont de vrais poilus!

Les camarades ont entendu. Ils ne conversent plus entre eux qu'avec distraction, l'oreille ailleurs et, inconsciemment, se rengorgent[2].

L'instant d'après, l'homme et la femme qui émettaient ces commentaires, penchés vers nous, les coudes sur le marbre blanc, nous interrogent :

— La vie des tranchées, c'est dur, n'est-ce pas?

---

1. *Croix de guerre* : médaille conférée aux soldats qui se sont distingués à la guerre.
2. *Se rengorgent* : prennent une attitude orgueilleuse, vaniteuse (comme les volatiles qui gonflent leur gorge et ramènent la tête en arrière).

— Euh... Oui... Ah ! dame, c'est pas rigolo toujours...

— Quelle admirable résistance physique et morale vous avez ! Vous arrivez à vous faire à cette vie, n'est-ce pas ?

— Mais oui, dame, on s'y fait, on s'y fait très bien.

— C'est tout de même une existence terrible et des souffrances, murmure la dame en feuilletant un journal illustré qui contient quelques sinistres vues de terrains bouleversés. On ne devrait pas publier ces choses-là, Adolphe !... Il y a la saleté, les poux, les corvées... Si braves que vous soyez, vous devez être malheureux ?...

Volpatte, à qui elle s'adresse, rougit. Il a honte de la misère d'où il sort et où il va rentrer. Il baisse la tête et il ment, sans peut-être se rendre compte de tout son mensonge :

— Non, après tout, on n'est pas malheureux... C'est pas si terrible que ça, allez !

La dame est de son avis.

— Je sais bien, dit-elle, qu'il y a des compensations ! Ça doit être superbe, une charge, hein ? Toutes ces masses d'hommes qui marchent comme à la fête ! Et le clairon qui sonne dans la campagne : « Y a la goutte à boire là-haut ! » ; et les petits soldats qu'on ne peut pas retenir et qui crient : « Vive la France ! », ou bien qui meurent en riant !... Ah ! nous autres, nous ne sommes pas à l'honneur comme vous : mon mari est employé à la Préfecture et, en ce moment, il est en congé pour soigner ses rhumatismes.

— J'aurais bien voulu être soldat, moi, dit le monsieur, mais je n'ai pas de chance : mon chef de bureau ne peut pas se passer de moi.

Les gens vont et viennent, se coudoient, s'effacent

l'un devant l'autre. Les garçons se faufilent avec leurs fragiles et étincelants fardeaux verts, rouges et jaune vif bordé de blanc. Les crissements de pas sur le parquet sablé se mélangent aux interjections des habitués qui se retrouvent, les uns debout, les autres accoudés, aux bruits traînés sur le marbre des tables par les verres et les dominos… Dans le fond, le choc des billes d'ivoire attire et tasse un cercle de spectateurs d'où s'exhalent[1] des plaisanteries classiques.

— Chacun son métier, mon brave, dit dans la figure de Tirette, à l'autre bout de la table, un homme dont la physionomie est pavoisée[2] de teintes puissantes. Vous êtes des héros. Nous, nous travaillons à la vie économique du pays. C'est une lutte comme la vôtre. Je suis utile, je ne dirai pas plus que vous, mais autant.

Je vois Tirette – le loustic [3] de l'escouade ! – qui fait des yeux ronds parmi les nuages des cigares, et je l'entends à peine dans le brouhaha, qui répond, d'une voix humble et assommée :

— Oui, c'est vrai… Chacun son métier.

Nous sommes partis furtivement.

Henri Barbusse, *Le Feu.*

---

1. *D'où s'exhalent* : d'où se dégagent.
2. *Pavoisée* : comme décorée de drapeaux mutlicolores.
3. *Loustic* : plaisantin, boute-en-train.

Retour du front

Roland Dorgelès (1885-1973),
Les Croix de bois. [Cf. p. 29]

Amputé de deux doigts, le soldat Sulphart a été démobilisé. Encore marqué par la mort de nombreux compagnons, il tente de se réadapter à la vie civile…

Il arriva à Paris avec seulement sept francs en poche, mais, le matin même, il était embauché pour le lendemain dans une maison de Levallois. Pour la première fois depuis qu'il avait repris le veston de civil, il se sentit heureux. Quinze francs par jour ! Il supputait [1] tout ce qu'il allait avoir de bien-être, d'aise, de bonheur, pour ses quinze francs.

C'était son tour maintenant de « se la couler douce ». Il allait se faire de bons copains — des gars qui seraient allés au front comme lui — il dénicherait un petit bistrot convenable pour manger à midi, il trouverait une chambre pas trop loin, pour pouvoir se lever tard. Déjà, en traversant les ateliers, il avait remarqué des ouvrières, une, surtout, qui riait en relevant ses cheveux d'une main noircie par la potée [2]. Cela le faisait sourire de penser à elle.

— C'est du sérieux, ces poules-là… Ça sait tenir une maison.

1. *Il supputait* : il calculait.
2. *Potée* : mélange de produits utilisés dans l'industrie.

Il suivait son petit rêve, les yeux distraits, quand une auto remplie de grues [1] et d'uniformes chic faillit le renverser. D'un recul brusque, il évita le capot.

— Embusqué [2]! lui cria celui qui était au volant.

Sulphart fit mine de s'élancer, mais il se contenta de montrer le poing à la voiture, en hurlant des injures dont les passants seuls purent bénéficier.

L'insulte reçue lui pesa sur le cœur pendant tout le déjeuner, et, pour la faire descendre, il reprit trois fois du vieux marc [3] avec son café. Alors, ragaillardi, il alla faire un tour sur les boulevards. À la porte d'un journal où le communiqué était affiché, des gens discutaient.

— On devrait faire une grande offensive, disait d'une voix courte un gros monsieur aux yeux en boule.

— Avec ta viande, lui cria Sulphart dans le nez.

Tous ces civils qui osaient parler de la guerre le mettaient hors de lui, mais il ne détestait pas moins ceux qui n'en parlaient pas, et qu'il accusait d'égoïsme.

En flânant devant les boutiques, il aperçut à la devanture d'un bureau de tabac, un tableau superbe, en couleurs, qui l'arrêta émerveillé. Formé d'une douzaine de cartes postales assemblées, ce chef-d'œuvre représentait une femme géante, en cuirasse d'argent, qui tenait une palme d'une main, une torche de l'autre et semblait conduire une farandole où l'on reconnaissait des soldats gris, des soldats verts, des soldats kaki. Le soldat français, crut-il remarquer, lui ressemblait comme un frère, et cela le flatta infiniment. Il entra et demanda à la marchande :

— Combien votre truc?

---

1. *Grues* : prostituées.
2. *Embusqué* : terme péjoratif désignant celui qui, pendant la guerre, était affecté à un poste sans danger.
3. *Marc* : alcool fort.

— Trois francs, dit la patronne.

Sulphart fit la grimace en pensant qu'il ne lui restait plus que trente-huit sous.

— J'en voudrais seulement une, celle du bas, insista-t-il… Où qu'il y a un poilu qui me ressemble.

La buraliste haussa les épaules.

— On ne détaille pas, répondit-elle sèchement.

Sulphart sentit qu'il devenait tout rouge. Et d'un coup rageur, frappant le comptoir de sa main mutilée, il gronda :

— Et ma main, moi, je ne l'ai pas détaillée ?

La marchande cligna simplement des yeux, comme si ces cris lui faisaient mal, mais sans lever la tête, et elle continua à peser du tabac à priser.

— Enfin, dit Sulphart en s'adressant à un monsieur qui choisissait des cigares, s'il y en a qui reviennent du front, ils doivent comprendre que je l'aie à la caille [1].

Le client fit un vague signe de tête, se retourna et prit du feu, à larges bouffées. Les consommateurs, à côté, regardaient le fond de leur verre et le garçon, pour ne rien entendre, avait ouvert un journal. Sulphart les ayant regardés tous, comprit et haussa les épaules, déjà résigné.

— Ça va bien, dit-il, jetant trente sous sur le comptoir. Tenez, donnez-moi un paquet de cigarettes jaunes, ça fait longtemps que je n'ai fumé que du gros [2].

Roland Dorgelès, *Les Croix de bois.*

1. *Que je l'aie à la caille* : que je sois furieux (expression argotique).
2. *Du gros* : du tabac de mauvaise qualité, fourni aux soldats avec leurs rations, par opposition aux cigarettes jaunes, meilleures mais plus chères.

Nouvelles du front

Maurice Genevoix (1890-1980)

Les Éparges.

La guerre occupe une large place dans l'œuvre de Maurice Genevoix. C'est à elle que sont consacrés ses premiers livres, cinq volumes écrits entre 1916 et 1923, réunis sous le titre *Ceux de 14*.

Combattant de la Première Guerre, Maurice Genevoix en éprouva toute la violence et l'horreur, victime d'une grave blessure en 1915 qui lui valut huit mois d'hôpital.

Dans cet extrait des *Éparges*[1] (1923), l'écrivain s'arrête sur la solitude du soldat, éloigné des siens auxquels il lui semble impossible de faire partager son expérience de l'horreur.

On nous a fait lire, à nous, les lettres d'un soldat du 6e d'infanterie allemand. Et ce soldat écrivait aux siens, des Éparges, il y a quelques jours seulement : «Jamais depuis que je suis au monde, je n'ai passé si tristement ces jours de Pâques… Je n'ose pas vous dire ce qui se passe ici, j'ai peur de vous rendre malades. Je ne puis vous dire qu'une chose, c'est que, grâce au bon Dieu, je suis encore de ce monde. Ce n'est plus le champ de bataille de l'Argonne; ici, la crête que nous occupons a l'aspect d'un volcan, qui ne cesse de brû-

1. *Les Éparges* : commune de la Meuse, théâtre de violents combats en 1914-1915. C'est là que Maurice Genevoix fut blessé.

ler en crachant la mort autour de lui. Je suis à bout de forces, je n'ai plus la tête à moi... J'ai toutes les peines à croire que je suis encore vivant... »

Voilà donc ce que font les canons français! Voilà donc la vie infernale que nous menons à nos ennemis!

Oh! ce n'est pas cela. Un soldat de chez nous n'a-t-il pas écrit la même lettre? Presque tous les soldats ne l'ont-ils pas écrite un jour?

Et ceci, mes absents, l'avez-vous lu? Ce dithyrambe[1] à notre gloire qu'un officier d'état-major a chanté en revenant d'une mission aux Éparges? Ému, certes, il l'était, secoué d'admiration et de pitié : il avait vu des hommes dans la boue, « non plus des passants comme lui, mais des hommes qui restaient là. Ils ont pris la colline des Éparges; ils savent qu'ils ont fait une grande chose en enlevant cette crête formidable. *Ils ne demandent qu'à recommencer* ».

Croyez-vous que ce soit cela? Hélas, qu'ai-je fait moi-même, le jour où sur la colline, pendant que les obus tombaient, j'ai griffonné cette carte boursouflée d'héroïsme et que j'ai laissée vous rejoindre? Je l'ai relue dans les feuilles de la ville avec ses mots gesticulants : il m'a semblé que j'entendais une cabotine[2] chanter trop haut la *Marseillaise*; et j'ai eu honte à cause de vous et de moi.

Non, ce n'est pas cela. Je pense à vous, aux absents que vous êtes et que j'aime. Vous êtes, pour jusqu'à votre mort, tout ce qui reste de moi-même, de la vie que j'avais et que je vous ai laissée. Il y avait moi parmi vous; et maintenant il n'y a plus que vous. Notre héroïsme n'est rien non plus que la lâcheté ou la vile-

1. *Dithyrambe* : éloge appuyé et solennel.
2. *Cabotine* : comédienne sans talent.

nie des autres : il n'y a que votre confiance et notre résignation. Et puisque je suis résigné, puisque j'accepte tous les jours, toutes les menaces, toutes les souffrances, et même – je le sais bien sans vous le dire –, en cette heure comme en celle de l'adieu, le déchirement de ne plus jamais vous revoir, laissez-moi combler de vous ma solitude et vous la dédier tout entière. Écoutez-moi, ces soirs où je suis vrai pour vous. Seulement ceci, ô mes absents : ne pas mourir en vous ; ne pas mourir à cause de vous.

Maurice Genevoix, *Les Éparges*

La guerre, ce sont aussi des couples séparés et défaits.
En 1923, la parution du *Diable au corps* de Raymond Radiguet fait scandale. Le roman en effet raconte les amours clandestines pendant la guerre de Marthe, une jeune femme qui trompe son mari, soldat au front, avec François, un adolescent trop jeune encore pour se battre. Ici, dans le film réalisé par Claude Autant-Lara (1946), la confrontation silencieuse du mari en permission (Jean Varas) et de son rival (Gérard Philipe) resté à l'arrière.

Réflexions sur la guerre

Pourquoi la guerre ? Souvent posée par les romanciers, la question reçoit des réponses divergentes, voire opposées. Tous les écrivains en racontent l'atrocité dans des termes comparables, mais ils tombent rarement d'accord lorsqu'ils s'interrogent sur ses causes : faut-il en rejeter l'entière responsabilité sur les hommes politiques de tous pays ? Est-ce une guerre décidée par les capitalistes du monde entier, dont seul le prolétariat serait victime ? Les fautifs ne seraient-ils pas plutôt les éducateurs, parents et professeurs, qui auraient cyniquement envoyé les jeunes régler leurs conflits à leur place ? L'Allemagne est-elle seule coupable ? Est-ce l'Histoire qui pousse, à leur insu, les peuples à s'affronter ? À moins que la guerre ne soit un mal inscrit dans la nature humaine, un mal nécessaire et inévitable ?

« Vous êtes des dupes »

Roger Martin du Gard (1881-1958),
Les Thibault.

Romancier français (prix Nobel de littérature en 1937), Roger Martin du Gard est surtout l'auteur des *Thibault*, long roman en plusieurs tomes consacré à l'histoire de deux frères issus d'une famille bourgeoise, Jacques et Antoine Thibault. L'aîné, Antoine, devient médecin tandis que Jacques, le cadet, consacre sa vie à la lutte politique et au pacifisme.

La guerre vient d'éclater. Désespéré, Jacques Thibault écrit un texte dans lequel il rassemble ses arguments en faveur de la paix qu'il espère encore, contre toute vraisemblance, contribuer à rétablir.

Français ou Allemands, vous êtes des dupes[1] !

Cette guerre, on vous l'a présentée, dans les deux camps, non seulement comme une guerre défensive, mais comme une lutte pour le Droit des Peuples, la Justice, la Liberté. Pourquoi ? Parce qu'on savait bien que pas un ouvrier, pas un paysan d'Allemagne, pas un ouvrier, pas un paysan de France, n'aurait donné son sang pour une guerre offensive, pour une conquête de territoires et de marchés !

On vous a fait croire, à tous, que vous alliez vous battre pour écraser l'impérialisme[2] militaire du voisin.

1. *Dupes* : trompés.
2. *Impérialisme* : politique de conquête menée par un État.

Comme si tous les militarismes ne se valaient pas. Comme si le nationalisme belliqueux [1] n'avait pas eu, ces dernières années autant de partisans en France qu'en Allemagne ! Comme si, depuis des années, les impérialismes de vos deux gouvernements n'avaient pas couru les mêmes risques de guerre !... Vous êtes des dupes ! On vous a fait croire, à tous, que vous alliez défendre votre patrie contre l'invasion criminelle d'un agresseur – alors que chacun de vos états-majors, français et allemand, étudiait, depuis des années avec la même absence de vergogne [2], les moyens d'être le premier à déclencher une offensive foudroyante ! alors que, dans vos deux armées, vos chefs cherchaient à s'assurer les avantages de cette « agression », qu'ils font mine de dénoncer aujourd'hui chez l'adversaire, pour justifier à vos yeux cette guerre *qu'ils préparaient.*

Vous êtes des dupes ! Les meilleurs d'entre vous croient, de bonne foi, se sacrifier pour le Droit des Peuples. Alors qu'il n'a jamais été tenu compte ni des Peuples ni du Droit, autrement que dans les discours officiels ! Alors qu'aucune des nations jetées dans la guerre n'a été consultée par un plébiscite [3] ! Alors que vous êtes tous envoyés à la mort par le jeu d'alliances secrètes, anciennes, arbitraires [4], dont vous ignoriez la teneur, et que jamais aucun de vous n'aurait contresignées !...

Roger Martin du Gard, *Les Thibault, L'Été 1914.*

---

1. *Belliqueux* : qui recherche la guerre.
2. *Vergogne* : scrupule, honte.
3. *Plébiscite* : vote des citoyens sur une question à laquelle ils doivent répondre par oui ou par non.
4. *Arbitraires* : décidées sans consulter personne.

La faillite d'une idée

Erich Maria Remarque (1898-1970),
À l'Ouest rien de nouveau. [Cf. p. 34]

Au début du roman, Paul se remémore la façon dont l'un de ses professeurs, Kantorek, les a persuadés, lui et ses camarades de classe, de devancer l'appel pour partir à la guerre.

Kantorek était notre professeur : un petit homme sévère vêtu d'un habit gris à basques [1], avec une tête de musaraigne. Il avait à peu près la même taille que le caporal Himmelstoss, « la terreur du Klosterberg ». Il est, d'ailleurs, comique que le malheur du monde vienne si souvent de gens de petite taille : ils sont beaucoup plus énergiques et insupportables que les personnes de haute stature. Je me suis toujours efforcé de ne pas faire partie de détachements commandés par des chefs de petite taille : ce sont, le plus souvent, de maudites rosses.

Kantorek, pendant les leçons de gymnastique, nous fit des discours jusqu'à ce que notre classe tout entière se rendît, en rang, sous sa conduite, au bureau de recrutement, pour demander à s'engager. Je le vois encore devant moi, avec ses lunettes qui jetaient des

1. *Habit à basques* : veste descendant bas sous la taille.

étincelles, tandis qu'il nous regardait et qu'il disait d'une voix pathétique :

« Vous y allez tous, n'est-ce pas, camarades? »

Ces éducateurs-là ont presque toujours leur pathétique prêt dans la poche de leur gilet; il est vrai qu'ils le distribuent à toute heure, sous forme de leçons. Mais alors nous ne pensions pas encore à cela.

Toutefois, l'un d'entre nous hésitait et ne voulait pas marcher. C'était Joseh Behm, un gros gaillard jovial. Mais il finit par se laisser persuader. Il faut ajouter qu'autrement il se serait rendu impossible. Peut-être que d'autres encore pensaient tout comme lui; mais personne ne pouvait facilement s'abstenir, car, en ce temps-là, même père et mère nous jetaient vite à la figure le mot de « lâche ». C'est qu'alors tous ces gens-là n'avaient aucune idée de ce qui allait se passer. À proprement parler, les plus raisonnables, c'étaient les gens simples et pauvres; dès le début, ils considérèrent la guerre comme un malheur, tandis que la bonne bourgeoisie ne se tenait pas de joie, quoique ce fût elle, justement, qui eût plutôt pu se rendre compte des conséquences.

Katczinsky prétend que c'est la faute à l'instruction, laquelle nous rend bêtes, et ce que dit Kat, il ne le dit pas sans y avoir bien réfléchi.

Chose curieuse, Behm fut un des premiers qui tombèrent. Lors d'une attaque il reçut un coup de feu dans les yeux et nous le laissâmes pour mort sur le terrain. Nous ne pûmes pas l'emporter avec nous, parce que nous fûmes obligés de reculer précipitamment. L'après-midi, nous l'entendîmes tout à coup appeler et nous le vîmes qui essayait de ramper en avant des tranchées. Il ne s'était qu'évanoui. Mais, comme il n'y voyait plus et que ses souffrances le rendaient fou, il négligea de s'abriter, de sorte qu'il fut tué, avant que quelqu'un eût pu s'approcher pour le ramener.

Naturellement, on ne peut pas rendre Kantorek responsable de la chose, autrement que deviendrait le monde si l'on voyait là une culpabilité? Il y a eu des milliers de Kantorek, qui, tous, étaient convaincus d'agir pour le mieux — d'une manière commode pour eux.

Mais c'est précisément pour cela que, à nos yeux, ils ont fait faillite.

Ils auraient dû être pour nos dix-huit ans des médiateurs [1] et des guides nous conduisant à la maturité, nous ouvrant le monde du travail, du devoir, de la culture et du progrès — préparant l'avenir. Parfois nous nous moquions d'eux et nous leur jouions de petites niches [2], mais au fond nous avions foi en eux. La notion d'une autorité, dont ils étaient les représentants, comportait, à nos yeux, une perspicacité [3] plus grande et un savoir plus humain. Or, le premier mort que nous vîmes anéantit cette croyance. Nous dûmes reconnaître que notre âge était plus honnête que le leur. Ils ne l'emportaient sur nous que par la phrase et l'habileté. Le premier bombardement nous montra notre erreur et fit écrouler la conception des choses qu'ils nous avaient inculquée.

Ils écrivaient, ils parlaient encore, et nous, nous voyions des ambulances et des mourants; tandis que servir l'État était pour eux la valeur suprême, nous savions déjà que la peur de la mort est plus forte. Malgré cela, nous ne devînmes ni émeutiers, ni déser-

1. *Médiateur* : personne qui sert d'intermédiaire.
2. *Niches* : farces.
3. *Perspicacité* : sagesse, lucidité.

teurs, ni lâches (tous ces mots-là leur venaient si vite à la bouche !) ; nous aimions notre patrie tout autant qu'eux et lors de chaque attaque nous allions courageusement de l'avant ; mais déjà nous avions appris à faire des distinctions, nous avions tout d'un coup commencé de voir et nous voyions que de leur univers rien ne restait debout. Nous nous trouvâmes soudain épouvantablement seuls — et c'est tout seuls qu'il nous fallait nous tirer d'affaire.

E. M. Remarque, *À l'Ouest rien de nouveau.*

Charlot Soldat (1918)

Chaplin porte sur la guerre un regard plein d'humour et de dérision. Il revisite de façon loufoque l'uniforme militaire, y ajoutant une râpe à fromage, un fouet à œufs…

« La victoire en chantant »

Jules Romains (1885-1972),
Prélude à Verdun.

L'œuvre de Jules Romains, écrivain français, comporte des poèmes, des pièces de théâtre (*Knock*) et de nombreux romans, dont une immense fresque en 26 volumes, écrite de 1932 à 1947, *Les Hommes de bonne volonté*, qui dépeint l'histoire de l'Europe entre 1908 et 1933.

L'extrait suivant est le début du chapitre I de *Prélude à Verdun*, tome XV de la série.

Jamais tant d'hommes à la fois n'avaient dit adieu à leur famille et à leur maison pour commencer une guerre les uns contre les autres. Jamais non plus des soldats n'étaient partis pour les champs de bataille mieux convaincus que l'affaire les concernait personnellement.

Tous ne jubilaient pas. Tous ne fleurissaient pas les wagons, ou ne les couvraient pas d'inscriptions gaillardes. Beaucoup ne regardaient pas sans arrière-pensée les paysans qui, venus le long des voies, répondaient mal aux cris de bravade et saluaient un peu trop gravement ces trains remplis d'hommes jeunes. Mais ils avaient en général bonne conscience. Puisqu'il n'était plus question d'hésiter ni de choisir, l'on remerciait presque le sort de vous avoir forcé la main. Peut-être allait-on bientôt s'apercevoir qu'avec ses rudes façons il vous avait rendu service, comme le maître nageur au débutant qu'il pousse à l'eau.

L'affaire, on n'en doutait pas, était de taille à remuer le monde entier. Et déjà elle en soulevait un large morceau. Mais par un effet de la tradition, et comme par droit de priorité, avant de devenir mondiale, elle était d'abord franco-allemande.

Chacun des deux peuples s'était élancé à la rencontre de l'autre, en tâchant de bien maintenir dans sa tête une idée de la guerre aussi excitante que possible. Les Allemands s'efforçaient de croire qu'ils reprenaient une vieille épopée[1]; qu'ils avaient derrière eux des chevaliers et des empereurs du Moyen Âge tendant leur épée toute droite et leur montrant le chemin. Derrière les chevaliers du Saint Empire [2], il y avait même les guerriers d'Hermann[3], et tant d'autres encore que les légions du Sud étaient venues massacrer dans les forêts, et dont il n'était pas trop tard pour venger la juste cause. Le but prochain, c'était d'augmenter l'honneur de la patrie germanique, et la crainte qu'on avait d'elle. C'était de décourager définitivement les entreprises des envieux, à qui sa récente prospérité portait ombrage, et qui, d'un bout à l'autre de l'Europe, se conjuraient pour l'encercler et l'abattre.

Les Français préféraient s'imaginer que, ce qu'ils avaient derrière eux, c'était l'humanité; qu'une fois de plus, voyant qu'elle ne pouvait sauver son destin qu'au prix d'une contestation sanglante, elle avait

1. *Épopée* : suite d'événements historiques qui ont un caractère héroïque.
2. *Saint Empire romain germanique* : nom de l'Empire allemand de 962 à 1806.
3. *Hermann* : comte de Thuringe de 1190 à 1217, héros allemand.

décidé de les choisir, eux, pour champions. Il leur fallait, bien entendu, sauver aussi le sol natal, et même profiter de la circonstance pour reprendre deux provinces naguère perdues. Mais le plus important était de prouver au monde qu'on restait les soldats de la Révolution, le peuple qui depuis les Croisades n'avait jamais fait la guerre sans y mettre quelque intention de bienveillance universelle, et qui avait constamment voulu que ses voisins eussent leur part, au besoin malgré eux, des formes de vie excellentes dont lui-même avait eu l'initiative.

Mais chez les uns comme chez les autres, il y avait encore l'excitation de partir pour des vacances bruyantes, brutales, tumultueuses; de vraies vacances de garçons. (C'était d'ailleurs la bonne époque de l'année.) On allait se reposer de la paix. La paix comporte des milliers de soucis; des obligations que l'âge moderne n'a cessé de rendre plus enchevêtrées et menues; même des ornements de la vie quotidienne et accessoires du bien-être qui gênent la liberté des mouvements; tout cela si serré autour de vous et si fragile qu'à la longue l'attention à ne rien casser devient très fatigante. On allait s'offrir une période d'insouciance et de sans-gêne, une orgie de mouvements brusques, sans aucun égard pour les choses fragiles; une cure de grossièreté primitive, de tout à fait mauvaises manières, d'impolitesse radicale. Cette débauche vous souriait d'avance d'autant plus qu'on était plus jeune, qu'on se portait mieux; et qu'on savait qu'elle serait courte.

Jules Romains, *Prélude à Verdun*.

Confession d'un caporal

Henri Barbusse (1873-1935)
Le Feu. [Cf. p. 55]

Soldat exemplaire, le caporal Bertrand est aimé et admiré de ses hommes. Courageux et humain, il s'engage à fond dans une guerre qu'il déteste et condamne pourtant. Après un assaut particulièrement violent, il se confie au narrateur.

Deux êtres obscurs passent dans l'ombre, à quelques pas de nous ; ils s'entretiennent à demi-voix.

— Tu parles, mon vieux, qu'au lieu de l'écouter, j'y ai foutu ma baïonnette dans l'ventre que j'pouvais plus la déclouer.

— Moi, i's étaient quat' dans l'fond du trou. J'les ai appelés pour les faire sortir ; à mesure qu'un sortait, j'y ai crevé la peau. J'avais du rouge qui me descendait jusqu'au coude. J'en ai les manches collées.

— Ah ! reprit le premier, quand on racont'ra ça plus tard, si on r'vient, à eux autres chez nous, près du fourneau de la chandelle, qui voudra y croire ? C'est-i' pas malheureux, s'pas ?

— J'm'en fous, pourvu qu'on r'vienne, fit l'autre. Vitement, la fin, et qu'ça.

Bertrand parlait peu, d'ordinaire, et ne parlait jamais de lui-même. Il dit pourtant :

— J'en ai eu trois sur les bras. J'ai frappé comme un fou. Ah ! nous étions tous comme des bêtes quand nous sommes arrivés ici !

Select-Collection
2 volumes à 2 francs
HENRI BARBUSSE
LE FEU
Tome II
FLAMMARION

Sa voix s'élevait avec un tremblement contenu.

— Il le fallait, dit-il. Il le fallait – pour l'avenir.

Il croisa les bras, hocha la tête.

— L'avenir ! s'écria-t-il tout d'un coup comme un prophète. De quels yeux ceux qui vivront après nous et dont le progrès – qui vient comme la fatalité – aura enfin équilibré les consciences, regarderont-ils ces tueries et ces exploits dont nous ne savons pas même, nous qui les commettons, s'il faut les comparer à ceux des héros de Plutarque[1] et de Corneille[2], ou à des exploits d'apaches[3] !

» Et pourtant, continua Bertrand, regarde ! Il y a une figure qui s'est élevée au-dessus de la guerre et qui brillera pour la beauté et l'importance de son courage…

J'écoutais, appuyé sur un bâton, penché sur lui, recueillant cette voix qui sortait, dans le silence du crépuscule, d'une bouche presque toujours silencieuse. Il cria d'une voix claire :

— Liebknecht[4] !

Il se leva, les bras toujours croisés. Sa belle face, aussi profondément grave qu'une face de statue, retomba sur sa poitrine. Mais il sortit encore une fois de son mutisme marmoréen[5] pour répéter :

---

1. *Plutarque* : écrivain grec du Ier siècle apr. J.-C., auteur des *Vies parallèles*, biographies de personnages célèbres.
2. *Corneille (Pierre)* : dramaturge et poète français (1606-1684), il mit en scène des héros partagés entre devoir et sentiments, comme le Cid, Horace ou Polyeucte.
3. *Apache* : en argot, voyou.
4. *Liebknecht (Karl)* : leader socialiste allemand (1871-1919), hostile à la guerre, il dirigea une tentative de révolution en Allemagne. Arrêté par la police, il fut assassiné.
5. *Marmoréen* : comparable au marbre.

— L'avenir ! L'avenir ! L'œuvre de l'avenir sera d'effacer ce présent-ci, et de l'effacer plus encore qu'on ne pense, de l'effacer comme quelque chose d'abominable et de honteux. Et pourtant, ce présent, il le fallait, il le fallait ! Honte à la gloire militaire, honte aux armées, honte au métier de soldat, qui change les hommes tour à tour en stupides victimes et en ignobles bourreaux. Oui, honte : c'est vrai, mais c'est trop vrai, c'est vrai dans l'éternité, pas encore pour nous. Attention à ce que nous pensons maintenant ! Ce sera vrai lorsqu'il y aura toute une vraie bible. Ce sera vrai lorsque ce sera écrit parmi d'autres vérités que l'épuration de l'esprit permettra de comprendre en même temps. Nous sommes encore perdus et exilés loin de ces époques-là. Pendant nos jours actuels, en ces moments-ci, cette vérité n'est presque qu'une erreur, cette parole sainte n'est qu'un blasphème !

Il eut une sorte de rire plein de résonances et de rêves.

— Une fois, je leur ai dit que je croyais aux prophéties – pour les faire marcher.

Je m'assis à côté de Bertrand. Ce soldat qui avait toujours fait plus que son devoir et pourtant survivait encore revêtait en ce moment à mes yeux l'attitude de ceux qui incarnent une haute idée morale et ont la force de se dégager de la bousculade des contingences [1], et qui sont destinés, pour peu qu'ils passent dans un éclat d'événement, à dominer leur époque.

— J'ai toujours pensé toutes ces choses, murmurai-je.

— Ah ! fit Bertrand.

1. *Contingences* : réalités matérielles et immédiates.

Nous nous regardâmes sans un mot, avec un peu de surprise et de recueillement. Après ce grand silence, il reprit :

— Il est temps de commencer le service. Prends ton fusil et viens.

Henri Barbusse, *Le Feu*.

Dossier

La propagande patriotique

La littérature populaire

Dès le début de la guerre, les feuilletons romanesques qui paraissent dans la presse se mettent au service de la Patrie. Marcel Allain, Maurice Leblanc, Arthur Bernède ou Gaston Leroux écrivent des romans remplis de poilus héroïques, de mères dignes dans le sacrifice et d'espions sournois à la solde des « Boches ». Même la bande dessinée, de *Bécassine* aux *Pieds Nickelés*, exalte le courage guerrier. *Un poilu de douze ans*, d'Arnould Galopin, enseigne aux enfants les vertus du patriotisme...

Quelques heures auparavant, l'officier qui commandait cette poignée de braves avait dit :

– Par un boyau qui n'est pas encore comblé, nous pouvons peut-être regagner l'arrière... Êtes-vous d'avis d'abandonner la place ?

Personne ne répondit.

– Que ceux qui veulent sortir d'ici lèvent la main, dit encore l'officier.

Aucune main ne se leva.

– C'est bien... nous tiendrons... nous tiendrons jusqu'à la mort...

Un immense cri lui répondit :

– Vive la France !

Et ces hommes électrisés, comme s'ils sentaient planer sur leurs têtes l'âme de la Patrie, entonnèrent tous d'une voix vibrante le chant sublime qui d'un simple paysan suffit à faire un héros : *La Marseillaise !*

Là-bas, dans leurs tranchées et leurs abris, les Boches l'entendirent, ce chant, et ils comprirent aussitôt que le fortin qu'ils croyaient déjà tenir, et qu'un dernier assaut devait enlever, leur résisterait longtemps encore.

Arnourld Galopin, *Un poilu de douze ans.*

La religion parodiée

L'effort de guerre n'épargne pas la religion. Français et Allemands proclament en même temps que Dieu a choisi leur camp. Les cartes postales, bon marché et largement diffusées, se font l'écho de ce détournement de la religion à des fins de propagande patriotique. Ainsi, des textes chrétiens célèbres sont-ils parodiés. Les Dix Commandements, qui énoncent les prescriptions les plus sacrées de la Bible, mentionnent notamment : « Tu ne tueras point. » Difficile de demander cela à un soldat… C'est donc en détournant le texte biblique sans en changer la forme ni le style que les auteurs de ces cartes postales parviennent à mettre Dieu de leur côté.

La Vierge Marie est elle aussi mise à contribution : «Je Vous salue Marie», prière fondamentale du catéchisme, devient l'occasion de rendre grâce à Rosalie, doux surnom que l'on donnait alors à la baïonnette.

« Je Vous salue Marie »
(texte original)

Je Vous salue Marie, pleine de grâces,
le Seigneur est avec Vous
Vous êtes bénie entre toutes les femmes
et Jésus, le fruit de vos entrailles, est béni.
Sainte Marie, Mère de Dieu
priez pour nous pauvres pécheurs,
maintenant et à l'heure de notre mort. Amen.

Le détournement d'images

Les cartes postales sont également utilisées pour montrer à la population la supériorité de son armée sur celle de l'ennemi ainsi que les mauvais comportements de ce dernier. Le plus fort est que la même photographie peut être utilisée deux fois à des fins différentes : il suffit pour cela de modifier la légende. Ainsi, le document ci-dessous a-t-il été publié une première fois avec la mention : *Officiers allemands prisonniers*, ce qui permettait de suggérer que la victoire alliée était proche ; mais un deuxième tirage de la même carte postale indiquait, quelques mois plus tard : *L'insolence des officiers prussiens : officiers de Uhlans capturés par nos alliés. L'un d'eux, avant d'entrer en prison, lance une insulte à un officier anglais.*

On peut imaginer la légende qu'aurait inventée un Allemand pour commenter une troisième fois la même image…

Témoignages directs

La Chanson de Craonne

Poème anonyme, profondément hostile à la guerre, *La Chanson de Craonne* circule en 1917 parmi les soldats français. Bien qu'interdite par l'état-major, qui la considère comme mauvaise pour le moral des troupes, elle connaît un vif succès auprès des soldats. Elle a été souvent interprétée depuis, notamment par le chanteur Mouloudji.

Quand au bout d' huit jours, le r'pos terminé,
On va r'prendre les tranchées,
Notre place est si utile
Que sans nous on prend la pile[1].
Mais c'est bien fini, on en a assez,
Personne ne veut plus marcher,
Et le cœur bien gros, comme dans un sanglot,
On dit adieu aux civ'lots[2].
Même sans tambour, même sans trompette,
On s'en va là-haut en baissant la tête.

Refrain :
Adieu la vie, adieu l'amour,
Adieu toutes les femmes.
C'est bien fini, c'est pour toujours
De cette guerre infâme.
C'est à Craonne, sur le plateau,
Qu'on doit laisser sa peau;
Car nous sommes tous condamnés,
Nous sommes les sacrifiés.

Huit jours de tranchée, huit jours de souffrance,
Pourtant on a l'espérance
Que ce soir viendra la relève
Que nous attendons sans trêve.
Soudain dans la nuit et le silence,

1. *Pile* : défaite écrasante.
2. *Civ'lots (civelots)* : civils.

On voit quelqu'un qui s'avance
C'est un officier de chasseurs à pied
Doucement dans l'ombre sous la pluie qui tombe
Nos pauv' remplaçants vont chercher leurs tombes.

C'est malheureux d' voir, sur les grands boul'vards,
Tous ces gros qui font la foire;
Si pour eux la vie est rose,
Pour nous c'est pas la même chose.
Au lieu d' se cacher, tous ces embusqués
F'raient mieux d' monter aux tranchées
Pour défendre leurs biens, car nous n'avons rien,
Nous autres les pauvres purotins[1].
Tous les camarades sont enterrés là
Pour défendre les biens de ces messieurs-là.

Ceux qui ont l' pognon, ceux-là r'viendront,
Car c'est pour eux qu'on crève;
Mais c'est fini, car les troufions
Vont tous se mettre en grève.
Ce s'ra votre tour, messieurs les gros,
De monter sur l' plateau;
Car si vous voulez faire la guerre,
Payez-la de votre peau!

Lettres de soldats

De nombreuses lettres de soldats ont été conservées par leurs familles depuis la fin de la guerre. Certaines ont pu être retrouvées et publiées, fournissant ainsi un témoignage exceptionnel sur les sentiments et les conditions de vie des soldats. En voici deux, écrites par de simples soldats et reproduites dans leur orthographe et leur syntaxe originales.

le 6 otobre 1915

je vai vou doné un peu de mais nouvél que je me porte toujou trèbien pour le moman je vou di que jais resu

1. *Purotins* : ceux qui n'ont rien.

votre letre a vec un manda de 10 fran et pui je vou di que vou a vé mal qompri maletre qar je ne sui pa blésé les autres on eu du mal mais mais moi jais pas eu du mal cher feme je vai vou dire que mon camarade Bilien Sébastien ai more il ai tué par un cou de canon il ai tisi toupré de moi a 4 metre vous pou vé dir a sais paran sai trite sais son tour au joudui et a d'autre demin nou some tou les jour au feu de pui 10 jour san dormire je vou di au si que le Pape Frasiboi porte bien toujour doné nouvél a sa feme au cher feme la gaire est trite jai fini an vou an brasan de loin a vec mais deupeti anfan ne vou faitpa tro de bil a vec moi toujour plin de Courage

JACQUE

La seconde lettre est écrite dans des circonstances tragiques : son auteur, accusé à tort d'avoir fui devant l'ennemi, a été fusillé à Vingré le 4 décembre 1914. L'armée l'a réhabilité en 1921.

Je soussigné, Leymarie, Léonard, soldat de 2e classe, né à Seillac (Corrèze).

Le Conseil de Guerre me condamne à la peine de mort pour mutilation volontaire et je déclare formelmen que je sui innocan. Je suis blessé ou par la mitraille ennemie ou par mon fusi, comme l'exige le major, mai accidentelmen, mai non volontairemen, et je jure que je suis innocan, et je répète que je suis innocan. Je prouverai que j'ai fait mon devoir et que j'aie servi avec amour et fidélitée, et je je n'ai jamais féblie à mon devoir.

Et je jure devandieux que je suis innocan.

LEYMARIE Léonard

Lettres extraites de *Paroles de Poilus, Lettres et carnets du front (1914-1918)*, Jean-Pierre Guéno, Librio/Radio France, 1998.

Les Carnets de guerre de Louis Barthas, tonnelier

Louis Barthas a fait toute la guerre. Il a combattu dans le endroits les plus dangereux, de Verdun à la Somme. Tonnelie à Peyriac-Minervois, dans le sud-ouest de la France, il n'a cess de consigner, jour après jour, le récit de ses quatre années d guerre. Envoyé en Champagne pendant l'été 1916, il découvr un endroit étonnant, où les soldats français et allemands, d'u commun accord, respectent une trêve : il s'agit d'une de ce fraternisations que redoutaient tant les états-majors des deu camps…

Deux jours après, notre 6e escouade alla occuper l petit-poste n° 10. C'était tout simplement un barrag dans un ancien boyau reliant les lignes allemande c'était là qu'était venue expirer la dernière vague d'a saut de la dernière grande offensive de Champagn après le flux et le reflux des dernières attaques et contr attaques.

À six mètres de notre barrage les Allemands avaien établi leur barrage, et quelques fils de fer épineux jeté entre et qu'on aurait pu franchir en quatre enjambée séparaient seuls deux peuples, deux races qui s'exterm naient.

Il y avait même une sape recouverte qui aboutissait un mètre des sacs à terre allemands, on aurait pu e allongeant le bras se serrer les mains.

Apprenant qu'il était condamné à passer vingt-quatr heures dans un tel petit-poste, un embusqué ou un bo bourgeois, si patriote qu'il fût, eût senti ses cheveux s hérisser sur sa tête et n'eût pas manqué de faire son te tament avant d'entrer dans ce coupe-gorge.

Quel n'aurait pas été leur étonnement, même leu stupéfaction de voir le calme et la tranquillité q régnaient dans ce coin. L'un fumait, l'autre lisait, celui- écrivait, certains se chamaillaient sans baisser d'une not le son de leur voix.

Et si ces patriotes, ces embusqués, avaient prêt quelque peu l'oreille ils eussent entendu les Allemand tousser, cracher, parler, chantonner, etc., avec le même sans-gêne.

Leur stupéfaction se fût changée en ahurissement s'ils eussent vu sentinelles françaises et allemandes assises tranquillement sur le parapet en train de fumer la pipe et échanger de temps en temps un bout de conversation comme de bons voisins prenant le frais sur le pas de leur porte.

De relève en relève on se transmettait les usages et coutumes de ces petits-postes, les Allemands de même et toute la Champagne pouvait s'embraser, il ne tombait jamais une grenade en ce point privilégié.

Les Carnets de guerre de Louis Barthas, tonnelier.

La guerre dans la littérature

Homère, *L'Iliade*

Poème épique écrit au IXe siècle avant notre ère par Homère *L'Iliade* raconte la guerre qui opposa Grecs et Troyens. Ces derniers, assiégés dans leur cité, font de nombreuses sorties qui se traduisent par de furieux combats. Afin de restituer la violence des duels, Homère a recours à de nombreuses comparaisons. Quant aux guerriers, vainqueurs ou vaincus, ils sont tous présentés comme de véritables héros, quasiment divins.

Quand les adversaires se rencontrèrent sur le terrain dans leur marche, ils heurtèrent leurs boucliers, leurs piques, leurs ardeurs d'hommes cuirassés de bronze ; les bosses des boucliers s'entrechoquèrent ; un grand tumulte s'éleva. Alors retentirent à la fois plaintes et cris de triomphe des guerriers frappant ou frappés, et le sang ruisselait sur la terre. Quand des torrents, descendant des montagnes, se mêlent, et jettent ensemble les masses d'eau des grandes sources dans un ravin profond, leur fracas lointain, dans la montagne, arrive aux oreilles du berger ; ainsi la mêlée fit naître la clameur et la fuite.

Le premier, Antilochos maîtrisa un Troyen casqué qui se distinguait au premier rang, le fils de Thalysias Échépolos. Il le frappa le premier sur le cimier[1] du casque à crinière, lui perça le front, et traversa l'os avec sa pointe de bronze. L'ombre voila les yeux d'Échépolos et il s'abattit, ainsi qu'une tour, dans la rude mêlée.

Comme il tombait, le saisit par les pieds le puissant Éléphonor, fils de Chalcodon, chef des Abantes au grand cœur ; et il le tira de dessous les traits[2], désirant au plus vite le dépouiller de ses armes ; mais court fut son élan. Car, le voyant traîner le cadavre, le magnanime Agénor comme Éléphonor se courbait, son bouclier découvrait

1. *Cimier* : ornement qui forme la partie supérieure d'un casque.
2. *Les traits* : les flèches.

le blessa de sa pique à pointe de bronze, et désunit ses membres. Ainsi la vie l'abandonna, et sur son corps s'engagea une action terrible entre Troyens et Achéens[1]; il se jetèrent les uns sur les autres, et le guerrier secouait le guerrier.

Homère, *L'Iliade*, chant IV,
trad. E. Lasserre, GF-Flammarion, 1965.

La Chanson de Roland

Ce poème épique est la plus ancienne chanson de geste connue en français. Elle date de la fin du XIe siècle et relate la mort héroïque de Roland et de ses compagnons, chevaliers de Charlemagne, au défilé de Roncevaux, lors d'un combat désespéré contre les Sarrasins. Comme chez Homère, les combats sont ritualisés : les ennemis s'insultent avant de s'affronter, en mêlée comme en combat singulier. On notera les exagérations merveilleuses, relevant de l'hyperbole, qui rendent les exploits de Roland et de ses compagnons bien peu vraisemblables…

Le neveu de Marsile, qui se nomme Aelroth,
Chevauche le tout premier devant l'armée.
À nos Français il lance des injures :
« Félons de Français, aujourd'hui vous vous battrez avec les nôtres.
Il vous a trahis, celui qui devait vous garder.
Fou est le roi qui vous laissa aux cols.
En ce jour, la douce France perdra sa gloire
Et Charlemagne le bras droit de son corps. »
Quand Roland l'entend, Dieu ! quelle est sa douleur !
Il éperonne son cheval, le laisse courir à toute bride,
et le comte va frapper l'autre de toutes ses forces.
Il brise son bouclier, déchire sa cuirasse,
il lui ouvre la poitrine, lui rompt les os
et lui fend en deux toute l'échine ;

1. *Achéens* : Grecs.

de son épieu il lui arrache l'âme;
il enfonce le fer et fait chanceler son corps;
de la longueur de sa lance il l'abat mort de son cheval;
en deux moitiés lui a brisé le cou.
Il ne manquera pas, dit-il, de lui parler :
« Fieffé coquin, Charles n'est pas fou,
et jamais il n'a toléré la trahison.
Il agit en brave en nous laissant aux cols.
Aujourd'hui, la douce France ne perdra pas sa gloire.
Frappez, Français; le premier coup est pour nous!
Nous avons pour nous le droit, et ces canailles ont tort. »

Laisse 93

La bataille est merveilleuse et pénible.
Olivier et Roland frappent à tour de bras,
L'archevêque rend plus de mille coups,
Les douze pairs ne perdent pas leur temps,
Et les Français frappent tous ensemble.

Les païens meurent par centaines et milliers :
Qui ne fuit pas, contre la mort n'a pas de recours;
Bon gré mal gré, il y laisse sa vie.
Les Français perdent leurs meilleurs défenseurs;
Ils ne reverront pas leurs pères ni leurs parents,
Ni Charlemagne qui aux cols les attend.

Laisse 110

La Chanson de Roland
trad. J. Dufournet, GF-Flammarion, 1993

« Waterloo »

Dans son roman *La Chartreuse de Parme*, Stendhal (1783-1842) raconte la bataille de Waterloo, qui scella définitivement le sort de Napoléon Ier, à travers le point de vue d'un tout jeune soldat, Fabrice. Ne comprenant rien au danger qui l'environne ou à la stratégie militaire, Fabrice subit les événements et se contente de regarder autour de lui. Aussi le qualificatif de « héros » semble-t-il bien ironique de la part de l'auteur…

Tout à coup on partit au grand galop. Quelques instants après, Fabrice vit, à vingt pas en avant, une terre labourée qui était remuée d'une façon singulière. Le fond des sillons était plein d'eau, et la terre fort humide, qui formait la crête de ces sillons, volait en petits fragments noirs lancés à trois ou quatre pieds de haut. Fabrice remarqua en passant cet effet singulier ; puis sa pensée se remit à songer à la gloire du maréchal. Il entendit un cri sec auprès de lui ; c'étaient deux hussards qui tombaient atteints pas des boulets ; et, lorsqu'il les regarda, ils étaient déjà à vingt pas de l'escorte. Ce qui lui sembla horrible, ce fut un cheval tout sanglant qui se débattait sur la terre labourée, en engageant ses pieds dans ses propres entrailles ; il voulait suivre les autres : le sang coulait dans la boue.

« Ah ! m'y voilà donc enfin au feu ! se dit-il. J'ai vu le feu ! se répétait-il avec satisfaction. Me voici un vrai militaire. » À ce moment, l'escorte allait ventre à terre, et notre héros comprit que c'étaient des boulets qui faisaient voler la terre de toutes parts. Il avait beau regarder du côté d'où venaient les boulets, il voyait la fumée blanche de la batterie à une distance énorme, et, au milieu du ronflement égal et continu produit par les coups de canon, il lui semblait entendre des décharges beaucoup plus voisines ; il n'y comprenait rien du tout.

Stendhal, *La Chartreuse de Parme* (1839).

Après la guerre

Georges Brassens, *La Guerre de 14-18*

Georges Brassens (1921-1981) est célèbre pour ses chansons souvent très ironiques. S'il n'a pas connu la guerre personnellement, il est né à une époque où la France se reconstruisait à peine et portait le deuil de ses morts. Sous le ton apparemment insouciant et moqueur de cette chanson, on devine sans peine que Brassens affirme un pacifisme total, qui l'amène à considérer la guerre de 1914-1918 comme la pire de toutes.

Depuis que l'homme écrit l'Histoire
Depuis qu'il bataille à cœur joie
Entre mille et une guerres notoires
Si j'étais t'nu de faire un choix
À l'encontre du vieil Homère
Je déclarerais tout de suite
Moi mon colon [1] celle que je préfère
C'est la guerre de 14-18

Est-ce à dire que je méprise
Les nobles guerres de jadis
Que je me soucie comme d'une cerise
De celle de 70 [2]
Au contraire je la révère
Et lui donne un *satisfecit* [3]
Mais mon colon celle que je préfère
C'est la guerre de 14-18

Je sais que les guerriers de Sparte
Plantaient pas leurs épées dans l'eau
Que les grognards [4] de Bonaparte

1. *Colon* : colonel.
2. *De celle de 70* : la guerre de 1870, à l'issue de laquelle la France, vaincue, dut céder l'Alsace et la Lorraine à l'Allemagne.
3. *Satisfecit* : félicitations.
4. *Grognards* : surnom des soldats de Napoléon Ier.

Tiraient pas leur poudre aux moineaux
Leurs faits d'armes sont légendaires
Au garde-à-vous j'les félicite
Mais mon colon celle que je préfère
C'est la guerre de 14-18

Bien sûr celle de l'an 40
Ne m'a pas tout à fait déçu
Elle fut longue et massacrante
Et je ne crache pas dessus
Mais à mon sens elle ne vaut guère
Guère plus qu'un premier accessit [1]
Moi mon colon celle que je préfère
C'est la guerre de 14-18

Mon but n'est pas de chercher noise
Aux guérillas, non fichtre non
Guerres saintes guerres sournoises
Qui n'osent pas dire leur nom
Chacune a quelque chose pour plaire
Chacune a son petit mérite
Mais mon colon celle que je préfère
C'est la guerre de 14-18

Du fond de son sac à malices
Mars [2] va sans doute à l'occasion
En sortir une, un vrai délice
Qui me fera grosse impression
En attendant je persévère
À dire que ma guerre favorite
Celle mon colon que je voudrais faire
C'est la guerre de 14-18

Paroles et musique de Georges Brassens.

1. *Accessit* : récompense scolaire de second ordre.
2. *Mars* : dieu romain de la guerre.

Tardi, *C'était la guerre des tranchées*

Jacques Tardi a réalisé plusieurs albums de bande dessinée ayant pour cadre la guerre de 1914-1918. L'extrait de *C'était la guerre des tranchées* reproduit ici nous montre des soldats partant à l'assaut de la tranchée ennemie. Le format inhabituel des vignettes évoque celui d'un écran de cinéma,

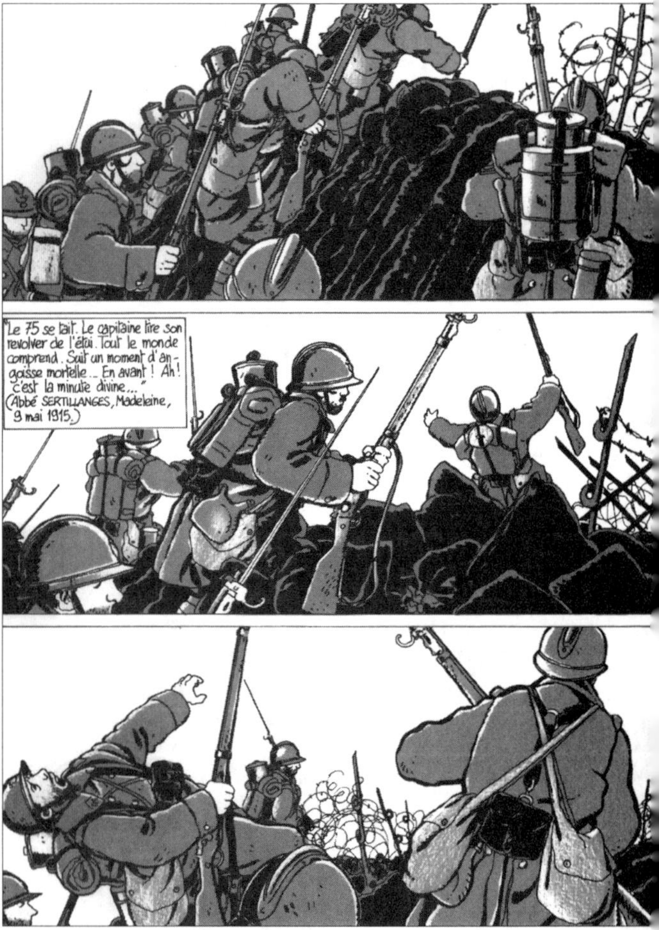

l'absence d'onomatopées et de phylactères suggérant un silence et une lenteur que l'on trouve lorsqu'une caméra filme au ralenti. Le fond blanc et le commentaire en voix off contribuent également à donner à cette scène l'aspect d'un cauchemar irréel, que Tardi n'a pas vécu, mais tente d'imaginer.

Pour aller plus loin

Bibliographie

Outre les livres auxquels ce volume emprunte des extraits, on peut lire d'autres romans ou journaux de guerre écrits par des combattants de 14-18 :

John Dos Passos, *L'Initiation d'un homme.*
Jean Giono, *Le Grand Troupeau.*
Ernest Hemingway, *L'Adieu aux armes.*
Joseph Kessel, *L'Équipage.*
Henri Laporte, *Journal d'un Poilu.*
Raymond Radiguet, *Le Diable au corps.*

Des écrivains beaucoup plus jeunes, souvent petits-fils de combattants, ont écrit des romans ayant pour toile de fond la guerre de 1914-1918 :

Marc Dugain, *La Chambre des officiers*, Lattès, 1998.
Sébastien Japrisot, *Un long dimanche de fiançailles*, Denoël, 1991.
Jean Rouaud, *Les Champs d'honneur*, Minuit, 1990.

Filmographie

Le cinéma a produit de nombreuses œuvres de fiction sur la guerre, parmi lesquelles :

Charlot soldat, Charles Chaplin, 1917.
À l'Ouest rien de nouveau, Lewis Milestone, 1930.
Les Croix de bois, Raymond Bernard, 1932.
La Grande Illusion, Jean Renoir, 1937.
Le Diable au corps, Claude Autant-Lara, 1946.
Les Sentiers de la gloire, Stanley Kubrick, 1957.
Les Hommes contre, Francesco Rosi, 1970.
Johnny Got His Gun, Dalton Trumbo, 1971.
La Vie et rien d'autre, Bertrand Tavernier, 1989.
Capitaine Conan (d'après le roman de Roger Vercel), Bertrand Tavernier, 1996.

Marthe ou la Promesse du jour, Jean-Louis Hubert, 1997.
La Tranchée, William Boyd, 1999.
La Chambre des officiers, François Dupeyron, 2001.

Citons également trois films documentaires qui utilisent témoignages historiques et images d'époque :

Mourir à Verdun, William Karel et Pierre Miquel, 1995; d'après le livre de Pierre Miquel.
Les Moissons de fer, Gérard Rougeron et Jean-Claude Lubtchansky, 1991; d'après la correspondance de Georges Duhamel, médecin et écrivain, avec sa femme. Très nombreuses images de l'époque.
Les Derniers de la der des der, Jean-Marc Surcin, 1999; témoignages des derniers survivants français, anglais et allemands de la guerre.

Musées
Historial de la Grande Guerre
Château de Péronne
BP 63
80201 Peronne Cedex

Site internet : http://www.historial.org

Mémorial de Verdun
1, avenue du Corps-Européen
55100 Fleury-devant-Douaumont

Site internet : http://perso.wanadoo.fr/memorial.14-18

Multimédia
CD ROM : *La Guerre de 1914-1918* (Liris interactive, 1997) pour PC et MAC.

DERNIÈRES PARUTIONS

ANDERSEN
La Petite Fille et les allumettes et autres contes (2171)

AU NOM DE LA LIBERTÉ
Poèmes de la Résistance (2106)

L'AUTOBIOGRAPHIE (2131)

BALZAC
Le Bal de Sceaux (2132)

BAUDELAIRE
Les Fleurs du mal (2115)

BERNARDIN DE SAINT-PIERRE
Paul et Virginie (2170)

LA BIOGRAPHIE (2155)

ROBERT DE BORON
Merlin (2080)

CEUX DE VERDUN
Les écrivains et la Grande Guerre (2134)

LES CHEVALIERS DU MOYEN ÂGE (2138)

COLLODI
Pinocchio (2136)

CONTES DE L'ÉGYPTE ANCIENNE (2119)

LE CRIME N'EST JAMAIS PARFAIT
Nouvelles policières (2163)

DEFOE
Robinson Crusoé (2120)

DUMAS
Les Trois Mousquetaires.
1. Les ferrets de la reine (2142)
2. La vengeance de Milady (2144)

DE L'ÉDUCATION
Apprendre et transmettre de Rabelais à Pennac (2137)

LA FARCE DU CUVIER et autres farces du Moyen Âge (2139)

FLAUBERT
La Légende de saint Julien l'Hospitalier (2111)

LES GRANDES HEURES DE ROME (2147)

HOLDER (ÉRIC)
Mademoiselle Chambon (2153)

HOMÈRE
L'Iliade (2113)
L'Odyssée (2125)

HUGO
Claude Gueux (2121)

JARRY
Ubu Roi (2105)

LABICHE
Un chapeau de paille d'Italie (2114)

LES LUMIÈRES (2158)

MAUPASSANT
La Parure et autres scènes de la vie parisienne (2124)

MÉRIMÉE
Mateo Falcone. Tamango (2104)
La Vénus d'Ille et autres contes fantastiques (2002)
Carmen (2145)

MOLIÈRE
Le Bourgeois gentilhomme (2133)
L'École des femmes (2143)

MYTHES ET DIEUX DE L'OLYMPE (2127)

PAROLES DE LA SHOAH (2129)

LA PEINE DE MORT
De Voltaire à Badinter (2122)

RÉALISME ET NATURALISME (2159)

RENARD
Poil de Carotte (2146)

ROBINSONNADES
De Defoe à Tournier (2130)

LE ROMANTISME (2162)

ROSTAND
Cyrano de Bergerac (2112)

SAUMONT (ANNIE)
Aldo, mon ami et autres nouvelles (2141)

SHAKESPEARE
Roméo et Juliette (2118)

SHELLEY (MARY)
Frankenstein (2128)

LE SURRÉALISME (2152)

TCHÉKHOV
Une demande en mariage et autres pièces en un acte (2108)

TITE-LIVE
La Fondation de Rome (2093)

VILLIERS DE L'ISLE-ADAM
Véra et autres nouvelles fantastiques (2150)

VOLTAIRE
Micromégas (2135)

GF Flammarion

02/09/96939-IX-2002 – Impr. MAURY Eurolivres, 45300 Manchecourt.
N° d'édition FG213405. – Juillet 2001. – Printed in France.